郁　文

中国社会科学院第四届党委书记

郁文同志在社科院

白晓丽　孙阿冰　编

中国社会科学出版社

图书在版编目（CIP）数据

郁文同志在社科院／白晓丽，孙阿冰编．—北京：中国社会科学出版社，2017.5

（中国社会科学院建院 40 周年纪念文库）

ISBN 978-7-5203-0321-7

Ⅰ.①郁…　Ⅱ.①白…②孙…　Ⅲ.①社会科学—文集　Ⅳ.①C53

中国版本图书馆 CIP 数据核字（2017）第 079438 号

出 版 人　赵剑英
项目统筹　方　军　白晓丽
责任编辑　郑　彤　耿晓明
责任校对　王俊超
责任印制　王　超

出　　　版　中国社会科学出版社
社　　　址　北京鼓楼西大街甲 158 号
邮　　　编　100720
网　　　址　http：//www.csspw.cn
发 行 部　010－84083685
门 市 部　010－84029450
经　　　销　新华书店及其他书店

印刷装订　北京市十月印刷有限公司
版　　　次　2017 年 5 月第 1 版
印　　　次　2017 年 5 月第 1 次印刷

开　　　本　710×1000　1/16
印　　　张　13.75
插　　　页　3
字　　　数　161 千字
定　　　价　88.00 元

凡购买中国社会科学出版社图书，如有质量问题请与本社营销中心联系调换
电话：010－84083683

《中国社会科学院建院 40 周年纪念文库》出版说明

一、中国社会科学院自 1977 年 5 月成立以来，历经 40 年的发展，已经建设成为党中央领导的马克思主义坚强阵地、党的意识形态重镇、哲学社会科学最高殿堂和国家级综合性高端智库。这与历届我院主要负责同志谋篇布局、殚精竭虑、改革创新密不可分。在庆祝建院 40 周年之际，院党组决定，编辑出版《中国社会科学院建院 40 周年纪念文库》，请曾任和在任的院主要领导编撰纪念文集，每位院领导一卷。

二、入选文库作品的作者为我院历届主要负责同志（含党和国家领导人），共十位，名单如下：

胡乔木（中共第十二届中央政治局委员，中国社会科学院第一届院长、党组书记）

邓力群（中共第十二届中央书记处书记，中国社会科学院第一届副院长、党组副书记）

马　洪（中国社会科学院第二届院长）

梅　益（中国社会科学院第二届党组第一书记）

胡　绳（第七届全国政协副主席，中国社会科学院第三届、第四届、第五届院长、第三届党组书记）

　　郁　文（中国社会科学院第四届党委书记）

　　王忍之（中国社会科学院第五届党委书记）

　　李铁映（中共第十三届、第十四届、第十五届中央政治局委员，第十届全国人大常委会副委员长，中国社会科学院第六届院长、党组书记）

　　陈奎元（第十届、第十一届全国政协副主席，中国社会科学院第七届院长、党组书记）

　　王伟光（中国社会科学院第八届院长、党组书记）

　　三、文库各卷内容反映了历任院领导在办院实践过程中，对哲学社会科学科研生产和人才成长规律、中国社会科学院办院规律、哲学社会科学发展规律进行研究、探索和实践的成果。历任院领导办院的大方向、大原则是一致的，但又有不同时期的特点。文库是中国社会科学院弥足珍贵的院史资料，有些文章是第一次公开发表，将为后人留下可资借鉴的宝贵经验。我们相信，随着时代的发展，文库的思想理论价值、学术价值、史料价值一定会愈加凸显。

　　四、文库的组织、编辑、出版工作由中国社会科学院办公厅具体负责。历经短短的 5 个多月的时间，能够与读者见面，与各位院领导及其秘书、亲属、出版社的大力支持密不可分，在此表示深深的谢意。

编　者
2017 年 4 月

目　　录

坚定走"两结合"的科研道路

——在赴商洛锻炼人员汇报会上的讲话

（1990 年 11 月 8 日）

今天召开这个欢迎会，欢迎 100 多位到陕西商洛地区基层锻炼的同志胜利归来。通过 8 个月的基层锻炼，大家在思想上、工作上都取得了重要收获。我向大家表示热烈祝贺。

我们取得这个胜利，主要来自我们认真贯彻了以江泽民同志为核心的党中央重申的关于积极引导广大知识分子与实践相结合、与工农相结合的这个正确方针。前一个阶段这个方针不大讲了，看来这个方针非讲不可，这是工人阶级知识分子的必由之路。因而，以江泽民同志为核心的党中央重申了这个"两结合"的方针。

我们取得这个胜利，还来自商洛地区的党政领导和人民群众。他们出于尊重知识、热爱人才的崇高精神，发自内心地给予我们下去的同志深切的关怀和热忱的帮助。山区里的群众新做的被褥，自己日常都舍不得盖，都拿出来接待大家。有些同志吃不惯粗粮，地方上到处买大米给大家吃。为了方便大家喝开水煮东西吃，在那么困难的地方还找来电炉子给大家用，这是多么令人感动的事啊！他们生活在贫困之中，深感知识的重要、人才的可贵。贫穷的山区人民对我们所表现出来的深厚真挚的感情，我们应该铭记在心，终生不忘。

我们取得这个胜利，还来自你们在不断深入农村社会主义建设实践中严格要求自己，在改造客观世界的同时，改造自己的主观世界，政治觉悟不断提高。我看了同志们写回来的心得体会、总结报告，深深地感到，经过 8 个月的基层锻炼，大家对国家和民族的责任感提高了，爱国主义思想、社会主义信念、为人民服务的思想观念等都有了不同程度的提高。今天，听了会上的发言，更加深了我的这个认识。工经所汪新波在商洛锻炼体会文章中说："下去以后对生活的体验更细致了，与人相处也随和了，原来我却有点孤僻和清高。……我现在常常想，纯粹的理论研究往往会使人产生孤芳自赏的性格，对实际抱着这样那样不着边际的幻想，而这里平平淡淡的生活却给了我一种重新认识自己和社会的机会。这也就是我来商洛锻炼的最大收获。"我认为，这是他发自内心的实际感受。

搞理论研究的人不能光待在高楼里，埋在书堆里，还要经常深入群众、接触实际，不和工农群众、不和实际相结合，凭自己脑子里空想，是不会出好成果的。汪新波同志说："这里平平淡淡的生活却给了我们一种重新认识自己和社会的机会。"我对这句话印象特别深。因为他接触实际了，跟工农群众结合了，也就和在社科院的大楼里、在自己小家庭里所想的不同了，对自己的认识、对社会的认识都不同了。他说："这也就是我来商洛锻炼的最大收获"，这个收获非常可贵。这说明，经过实际锻炼，同志们旧的思想认识在变化，新的思想认识正在成长。现在说思想改造，有些人不大乐意听，但不管你乐意不乐意，承认不承认，这是事实，只要你多接触实际、深入实际，思想上就会不断进步。

社会科学院是一个意识形态工作部门，主要任务是从事社会科学的理论研究。我院是知识分子比较集中的地方，青年知识分子也特别多。不少人由于长期生活在个体脑力劳动的工作环境里，缺乏实际工作的锻炼，思想上往往感到空虚，对自己、对社会容易产生不切实际的幻想。正确认识自己、正确认识社会、正确对待社会问题，这是知识分子思想发展的一个重要的起点。高傲自大，认为老子天下第一，自己什么都成，别人什么都不成，就是不能正确认识自己，也就不能正确认识社会，不能正确对待社会问题。莫纪宏同志发言中讲到的那位80岁的老太太，初见可能会给人留下封建、保守、落后的印象，听了她讲的对普选、对民主的看法，对一些问题的见解，就会感到，这位40年生活在旧社会、40年生活在新中国的老人，通过她自己亲身感受的新、旧社会生活的对比，她的思想认识，比起那些自称"民族精英"的人发表的"民主"讲演内容要深刻、高明得多。

要正确认识自己，不但应看到自己的进步，还应看到自己的差距。商洛锻炼干部工作领导小组组长陈再生副专员，接受采访的一篇谈话刊登在《院内通讯》上，我看讲得不错。他对锻炼的同志有个总的评价。他说："我非常喜欢他们，他们的心跟我们越来越近。"这句话还是很有分寸的。说"越来越近"，可见原来是有距离的，可能距离还不小。现在一天比一天近了，这也是说还有点距离。从商洛地区的干部和人民对同志们要回北京的时候依依不舍，甚至痛哭流泪的情况可以看出，同志们这次下去锻炼总的说来表现是好的，是受人民欢迎的。不仅为商洛人民做了不少工作，更重要的是，大家以积极的态度深入基层锻炼，对国情逐渐有了正确的认识，对贫瘠的商洛山区，对勤劳朴实的广大商洛人民产生了真挚的感情，思想感情上发生了很大变化。听说有的同志未下去前发愁："下面又没卫生设备，大小便怎么办？"听起来很可笑，其实也没有什么奇怪。在不同的环境长大的人，到一个新的环境有这个顾虑、那个顾虑，是很自然的事。大家应该珍视这次下去锻炼所取得的成果，把它作为自己思想不断提高、工作不断前进的一个新的起点。

这次下基层锻炼的同志中，大多数从事科学研究工作。党和国家交给科研工作者的任务，就是要加强社会主义重大理论问题和实践问题的研究，不断总结建设和改革的实践经验，丰富具有中国特色的社会主义理论体系。要完成这个任务，必须加强马克思主义理论队伍的培养。我同一些社会科学家和自然科学家有些接触，大家有一个共同的感觉，就是科研队伍存在着断层的危险。现在我院科研队伍的骨干力量大多是新中国成立初期培养起来的。这些人到现在差不多五六十岁了，将要陆续离开工作岗位，而我们的后备队伍还有些接不上。因此，在座的同志应该有紧迫感，更加努力学习，加紧提高自己。不光要学习专业方面的知识，更要认真学习马克思主义，在科研工作中坚定地走"两结合"的道路，这是广大知识分子前进的正确方向，也是每一个知识分子在国家社会主义现代化建设中实现自己的理想和抱负，承担起历史使命的正确道路。我们正在建设有中国特色的社会主义，从事这方面的社会科学理论研究工作必须立足于中国，深入我国社会主义建设的实际，这才是最主要的。有的同志这次下去锻炼，结合自己的专业写出了对高寒山区的调查报告。如果不亲自深入商洛高寒山区做调查研究，只坐在研究所的大楼里，就写不出这样内容充实的论文。

青年是我们国家的未来，在座的同志应该成为我国马克思主义理论队伍的骨干，社会主义理论体系要依靠你们努力建设和发展。希望大家认真学习，努力工作，坚定地走"两结合"的道路。

学好科学社会主义这门课

——在中国社会科学院所局级干部、党委书记
社会主义理论学习班上的讲话

（1990 年 12 月 5 日）

根据中央的指示精神，院机关党委决定，全院的所、局级干部分期分批集中起来，脱产学习 10 天科学社会主义理论。过去，大多数同志可能学过这门课。前一个时期，由于资产阶级自由化思潮泛滥，东欧和苏联一些社会主义国家相继发生急剧变化，有一些人对社会主义产生了困惑、疑虑和动摇。这说明，我们对科学社会主义这门课程还没有学好，还需要再学习。

我们正在建设有中国特色的社会主义，在实行改革开放和社会主义现代化建设中，出现不少新情况、新问题，需要我们用马克思主义的观点和方法去概括，去总结。研究科学社会主义是社会科学研究部门的本分，以马克思主义为指导研究实际，得出科学的结论，推动社会主义现代化建设事业不断前进，这是我们的责任。总之，马克思主义在与不同历史时期的实际相结合时，都有一个重新学习和运用的问题。因此，我们

对马克思主义的理论要不断地学习，要学习、学习、再学习。为安排好这次学习，今天请胡绳同志作学习动员讲话，请曲维镇同志对这期学习作出具体安排，希望大家结合实际，认真学习这门课程。

贯彻落实《1991 年工作要点》

——在中国社会科学院所局级负责人会议上的讲话

（1991 年 4 月 13 日）

一

今天召开全院所长、局长、党委书记会议，先传达中央领导同志的指示精神，然后由胡绳同志对今年的工作加以部署，再由吴介民同志讲一讲关于研究所领导体制的问题。

去年 12 月 14 日，中央政治局常委的同志听取了我院关于清查考察、党员重新登记工作的汇报；今年 2 月 23 日，又在怀仁堂同我院部分专家学者座谈了一天。在这次座谈会的前后，中宣部王忍之、聂大江同志，国务院李铁映同志分别听取了我院的工作汇报，同大家举行了座谈。在各次会议上，中央领导对我院工作做了一系列重要指示。院党组同志学习了中央领导同志的指示精神，并以此为依据，制订出我院《1991 年工作要点》。现正进一步深入学习，认真总结经验，在这个基础上向中央提出一份比较全面的工作报告，经中央研究同意后，再正式召开一次院工作会议，并拟邀请各省市社科院有关领导同志出席，请中央领导同志来做重要讲话。为了及时安排好今年的工作，现在先将《1991 年工作要点》发给大家，以便及时在全院贯彻。这也是为开好全院工作会议积极创造条件。今天这个会开一天，上午几个同志讲话，下午分组座谈。时间虽短，意义重大。

二

今天传达了中央领导同志讲话的要点，胡绳同志和介民同志也做了重要的讲话。下面我就贯彻落实《1991 年工作要点》讲几点意见。

首先，各所局领导干部要充分认识到，制订和实施《1991年工作要点》，这是我院贯彻落实中央关于社会科学一系列重要指示的具体部署。

江泽民同志和李鹏同志在与我院部分专家学者座谈时，重申了社会科学在社会主义现代化建设伟大事业中的重要地位。他们强调指出："要总结经验，振奋精神，加强思想建设和组织建设，把中国社会科学院建设成马克思主义的坚强阵地。"社会科学"要根据社会主义建设和改革开放提出的任务，为社会主义现代化建设服务，为社会主义精神文明建设服务，为建设有中国特色的社会主义伟大事业服务。"中央领导同志的这些重要指示，进一步确定了我院的办院宗旨和办院方针，提出了我院的基本任务，指明了今后的奋斗目标。全院各级领导、全体科研人员和党政干部，都必须坚定不移地认真贯彻执行。我们制订和实施《1991 年工作要点》，就是要努力领会和体现中央的指示精神，在加强思想建设和组织建设方面，采取切实有力的措施，打开新的工作局面。

　　我与曲维镇同志向中共中央政治局常委领导同志汇报时，江泽民同志指示："社会科学院要逐步整顿，要加强党的领导，加强党的思想建设、组织建设，总的方向就是实行党领导下的所长负责制。"《1991年工作要点》中，突出了加强党对社会科学领导这一中心工作；强调了活跃理论研究，繁荣社会科学，为社会主义物质文明和精神文明建设服务的重要任务；对于以科研为中心加强各方面的管理工作，也提出了具体意见。因此，《1991年工作要点》是一份很重要的文件，决不能议论一番、热闹一阵，就束之高阁。过去有的单位有这种情况，对党组、对院务会议布置的工作，可以听，可以不听，布置了以后没有下文。这样不行。今后一定要认真贯彻执行。各所局领导干部在今天会议之后，要结合本单位实际，进一步逐条认真讨论，提出本单位贯彻落实的方案，然后召开本单位职工大会，组织全体人员讨论，把工作落到实处。院里要以《1991年工作要点》为依据，指导各单位的工作，并以此为标准，考察各所局领导干部的工作实绩。

　　第二，《工作要点》明确提出了"深入开展坚持四项基本原则、反对资产阶级自由化的教育和斗争"这项重要任务。各所局必须高度重视，精心组织，抓出实效。

　　江泽民同志在与我院部分学者座谈时指出："社会科学研究的方向正确与否，社会科学发展状况如何，对人们的思想意识和社会的道德风尚，对经济建设，对社会的稳定和发展，都会产生巨大的影响，甚至关系到中华民族的兴衰和社会主义的命运。"党中央把社会科学研究的方向问题，提到了这样的高度。那么，怎样实现社会科学研究沿着正确的方向去繁荣、发展呢？总结前几年的经验和教训，基本的一点，就是社会科学领域必须坚持四项基本原则，深入持久地开展反对资产阶级自由化的教育和斗争。一年多来，我们在全院性的各种会议上，就这个问题讲了多次，但是，到目前仍然没有形成总体性布局，没有取得全局性进展。当然，对此院里有责任。胡绳同志曾经指出：“相当一部分领导干部和科研人员，对于反对资产阶级自由化，不很热心或者说很不热心。”这种状况是令人深思、值得注意的。开展反对自由化的教育和斗争，决不是要“整人”“整肃”，其目的是“教育”，是为了使我们的同志自觉地坚持马克思主义立场、观点和方法，在科学研究中不断取得新的更好的成果，为建设有中国特色的社会主义做出贡献。我们的原则是“立足于自我教育，启发自觉，细致分析，明辨是非，提高认识”。各所局领导干部首先要端正态度，在本单位有针对性地开展思想政治工作，按照《工作要点》的要求，做出具体部署。院领导将按照个人的分工范围，听取各单位关于这项工作的汇报，实行面对面的指导。

第三，各级领导干部要强化管理意识，在落实《工作要点》的过程中，要抓计划、抓制度、抓管理、抓纪律，切实扭转各方面的松散状态，建立正常的工作秩序。

过去一段时间里，由于“淡化党的领导、淡化党的思想政治工作”的错误思想的影响，各种规章制度被搁置到了一边，纪律荒废，造成许多严重后果。一些单位中有的同志不认真做好本职工作，我这里说的“有的同志”，不只是一个两个、三个五个，他们利用不坐班的机会，到社会上参与各种经营活动。为了捞钱，有人竟挂着社科院的招牌，给个体户当帮手，站柜台卖货，在社会上造成了很坏的影响。单位的领导要么不知道，要么知道了也不管，完全放任自流。这样下去，哪里还像社科院的研究机构？还不止这种事情。国务院召开了纠正行业不正之风的会议，院里也做了布置。有些单位的不正之风相当严重，必须认真清理，坚决纠正。

有些领导干部由于种种原因，不愿抓管理，不敢抓管理，甚至把管理与服务对立起来。其实，管理也是服务。广大群众对一些领导干部不愿抓管理、不敢抓管理的软弱状态很不满意，多有批评。我们希望，在落实《1991年工作要点》过程中，各单位好好抓一抓管理。只有建立起正常的工作秩序，才能为繁荣科研事业创造良好的工作环境。在加强管理方面，要逐步建立以科研规划为中心的计划管理体制。今后，我们院的工作、所的工作都要以科研为中心，以科研计划为"龙头"，把科研管理、人才培养、对外交流、财务管理、后勤保障等方面的工作，都纳入以科研为中心的计划管理体制。实行科学化、规范化的管理。做到人人明确职责、明确任务、有职有责，使国家提供给我们的各种物质条件充分发挥效益。

在加强管理中，要注意总结经验，发现问题就要认真研究，及时解决，积极稳妥地进行社科院的自身改革。

第四，政治路线确定之后，干部就是决定的因素。为了使《1991年工作要点》切实地贯彻下去，取得成效，各级领导干部必须站在工作第一线，集中精力，治院、治所。

有些同志反映说，院里的工作没有搞上去，一个重要原因，就是"院长不治院、所长不治所"。这种说法当然是不确切的，有的所长治所治得不错，有的院长管理很严格，做得很有成绩。但是，给有些同志造成这么一种印象，是很值得我们深思的。有的所长热衷于所外、院外、国外的事，有的一年出国几次，哪还有多少时间和精力做所里和院里的工作呢？回到单位里，该抓的工作也不抓。如果我们各级领导干部不把精力集中在本职工作上，党不满意，群众也不满意。最近，曲维镇同志生病住院。党组讨论通过《工作要点》时，他写来一封短信，诚恳地建议：党组的同志和各所局领导尽量减少出国，减少所外、院外的活动，以保证集中精力抓好《工作要点》的落实，抓好今年的各项工作。我在这里向大家转达他的这个建议，并且表示完全赞成。

我们知道，各所局的领导干部工作头绪很多，压力很大，特别是"双肩挑"干部，还有很重的科研任务。但是，无论怎样，我们都要以党的利益为重，以全院、全所的工作为重，个人利益服从全局利益，精神振奋地率领大家，为把我院建设成马克思主义坚强阵地而勤奋工作、贡献力量。哲学所有几位同志写信提议说，院里应设意见箱，并希望院领导要挤出一定时间来接待群众，听取大家的意见，这个建议很好。领导同志也需要大家监督，大家互相监督才能把工作做好。

同志们，全国人大七届四次会议和全国政协七届四次会议刚刚结束。两会的圆满成功，为我们整顿和繁荣社会科学事业创造了良好的外部环境。只要我们努力贯彻中央关于社会科学的重要指示，扎扎实实地进行思想建设和组织建设，认真落实《1991 年工作要点》，全院以科研为中心的各项工作，一定会取得新成就。

落实《1991 年工作要点》关键在领导

——在中国社会科学院党委书记、所长会议上的讲话

（1991 年 5 月 10 日）

我同意刚才介民同志关于全院落实《工作要点》进展情况的分析。最近，我们几个同志先后到 4 个所听取了汇报，今天又听了 6 个单位的情况介绍。内容各有特点。我感到大部分所、局的领导都已经重视起来，抓得比较紧，不仅认真传达了中央领导同志的指示，讨论了工作要点的内容，而且大部分单位都制订出了贯彻《工作要点》的实施方案。

今天院部各局的处级干部也参加了会议，这很必要。贯彻《工作要点》，不能光靠各所的同志努力，如果院部各职能部门，包括院的领导同志不密切配合、上下共同努力，落实《工作要点》的工作还是有困难的。

总的来看，这段工作大家是认真的，搞得好的。但是也不能估计过高。由于很长一段时间散漫惯了，不是一天两天能够转变过来的。据了解，思想上的问题还不少。我听到了一些反映。有人说："坐班制在社科院搞了几次了，最初都决心很大，但哪次都没有搞下去，这次一定也搞不成，不要看现在嚷嚷得厉害。"有的说："社会科学院的'优势'，第一是不坐班，第

二是能出国，把这两大'优势'取消了，没有吸引力了，社科院的中心地位怎么形成？"我们大家必须针对这些情况，做深入的思想工作。管理局的同志进行了一番调查，并不是所有的单位都没有房子，不具备实行坐班的条件。据了解，5月份可以实行坐班的有19个所，6月份可以实行坐班的有11个所。少数所有些具体困难，经过努力有的是可以克服的。个别所确实有困难，一时克服不了，可以考虑暂缓实行。

我在跟所里的同志们接触时，所里的同志对院里的工作也提出了不少意见。说明在我们院领导工作上，院各职能部门工作中存在不少问题，都应列入整顿改革范围之内。院部各厅局的同志、院各位领导同志都应该抽出时间，同所里同志们接触接触，了解一下工作情况，有什么问题，及时地进行研究，加以解决。整天坐办公室批公文、打电话的作风要改变。总之，我们大家要深入研究所，深入基层，接触实际，解决问题。为了适应工作的需要，机构设置、干部配备可以适当调整。我感到，全院缺一个综合计划部门，管理局管钱，人事局管人，科研局管科研，各管各的。应考虑在办公厅下设一个综合计划处，进行各部门之间的计划协调管理工作。

领导干部一定要强化管理意识，建立和完善各种工作制度，整顿工作纪律，建立正常的工作秩序，为搞好科研工作服务。据了解，有的单位存在一些不良现象，非进行整顿不可。比如有的研究人员自己分担的研究课题丢在一边，把主要精力用于个人创收；有人多年没有完成计划任务，甚至不做工作，所里也不闻不问。甚至发生这种情况，某位翻译干部，他爱人是卖服装的个体户，他不上班，每天帮他爱人卖服装。但所里交给他的翻译任务他也完成了。经过深入了解，原来他用卖服装赚来的钱雇别人替他搞翻译，拿来向所里交账。还有个研究所，几名科研人员不上班，自己成立了一个"研究所"，谎称挂靠在某个单位，后被查出原来是假借名义。如此等等，必须引起充分注意。各单位应进行一次清理，查明本单位积极工作、完成任务好的有多少，完不成任务的有多少，不认真工作、在所外搞歪门邪道的有多少，一桩桩一件件，切实进行一番整顿。

1991年《工作要点》贯彻得好不好，关键在于领导。研究所的领导同志大多是"双肩挑"，既要领导所、室的工作，本身还有科研任务，肩头的担子很重。必须讲究领导方法、工作方法。要以党委为政治核心，领导班子要分工负责，发挥集体领导的作用。通过行政室、处和党、团、工会、民主党派等各种组织，了解情况，听取意见，布置开展工作，充分发挥各种组织的作用。毛泽东同志说过，领导干部"要学会弹钢琴"，"十个指头动作要有节奏，要互相配合"。要防止少数人忙、多数人不关心的现象，又要切忌陷于文山会海或沉溺于会议和行政事务之中，否则领导工作做不好，本身的科研业务也会荒废。还听到这么一种反映，所里说院里方针不明，界线不清；院里感到所里不敢负责，矛盾上交。院所双方都应该注意，上下同心协力，密切配合。对贯彻今年《工作要点》，院职能部门应多听听所里的意见，进一步研究制订出一些具体规定和章法来，使所里有所遵循。所里也应该针对本单位情况，多动脑筋，积极想出一些好的办法来。

这里我还想提出一点，要特别注意发挥室、处级领导组织的作用。室、处是党、政、科研工作的基层组织，这个环节的作用非常重要。实行了坐班制，大家集中到所里来，具有了进行工作的有利条件，如果研究室主任、党支部、团支部不在所党政统一领导下，进行具体领导，安排好大家的工作、学习、生活，就达不到我们预期的目的。不少同志反映，我们是学术机关，可是学术活动很少，学术空气非常淡薄。据说胡绳同志也曾讲过，我们学术机关，布告栏看不到有多少学术活动的通知、布告。我们应该把院内、所内的学术活动很好地开展起来，进行学术讨论，交流学术信息，介绍科研经验，通过学术活动提高干部的政治和学术水平，只有这样才能达到繁荣社会科学的目的。

关于反对资产阶级自由化问题，各单位已经开始重视起来，并且作了具体部署。我们必须清醒地认识到，坚持四项基本原则，反对资产阶级自由化以及资产阶级的腐朽思想和价值观念，必须长期不懈地进行。我们是意识形态工作部门，在意识形态领域，大量的矛盾属于人民内部思想认识问题，因而要注意严格区分两类不同性质的矛盾。对坚持四项基本原则、反对资产阶级自由化的教育和斗争，态度一定要坚决，方法、步骤一定要稳妥。对于学术上的错误观点，要采取认真清理、自我教育、民主讨论、互相帮助的方法，有什么问题就讲什么问题，要注重说明，不要随便扣帽子、乱上纲。只有这样，才能提高认识，团结更多的人。

院里 1991 年《工作要点》提出的任务，也不是一年内可以完成的，这是我们全院整顿、发展的方向。只要我们全院同志同心协力，有领导、有计划、有步骤地坚持去做，一定能把我院建成马克思主义的坚强阵地。

在中国社会科学院庆祝中国共产党成立 70 周年大会上的开幕词

（1991 年 6 月 25 日）

同志们：

在中国共产党成立 70 周年的时候，我们隆重集会，热烈庆祝这个伟大而光辉的日子！

出席今天大会的，有在第一次国内革命战争时期入党的老前辈，有在第二次国内革命战争时期入党的老同志，有在抗日战争和解放战争时期入党的老战士；还有在社会主义革命和社会主义建设时期入党的一大批同志，也有在改革开放年代里成长起来的新党员。出席今天大会的还有共青团、工会和妇女工作方面的代表，有和我们长期共事的党外朋友。到会的同志中，既有在科研岗位上辛勤探索的专家学者，也有在党政后勤岗位上积极工作的干部、工人。今天到会的和没有到会的全院各岗位上的同志，在中国共产党的领导下，在不同的历史时期，为国家的解放和民族的独立，为社会主义革命和社会主义建设，为社会主义现代化宏伟蓝图的逐步实现，都做出过自己的一份贡献。我代表院党组，向大家致以崇高的敬意和衷心的问候！

在今天这个会场上，我院几代人济济一堂，深情回顾中国共产党 70 年来的光辉历程，这使我们强烈地感受到，在党的领导下，社会科学事业生生不息、兴旺发达！只要我们认真贯彻党中央关于社会科学工作的一系列重要指示，一定能够把我院建设成为马克思主义的坚强阵地，一定能够为建设有中国特色的社会主义做出新贡献！

关于研究生院工作和
外事工作的讲话

（1991 年 12 月 4 日）

　　我院开办研究生院已十多年，形成了初具规模的教学基地，积累了不少办学经验，培养了大批高层次的文科人才，有些同志已经成为科研和管理方面的骨干。但研究生院工作中明显存在一些问题。各单位要充分利用这次机会，对研究生培养工作进行一次切实的整顿；各系要确定专人负责组织落实工作，保证按质、按时完成检查任务；各所党委要把这次检查整顿工作纳入议程，实施具体领导，尚未实行党委制的单位，各所所长、系主任要切实负起责来，抓好这项工作。希望研究生院与各所、各系互相支持，齐心协力，做好这次检查整顿工作，为把我院建设成为马克思主义坚强阵地，做出实际贡献。

　　关于外事工作，我们必须严格遵守外事纪律和各项规章制度，使我院的学术交流真正做到有计划、有秩序地进行。目前，我院还存在盲目出访、不适当的邀请等现象；有些所的所长出国次数太多；有的单位还在出国上搞平衡；出访回来也不向组织写汇报。中央多次强调，要加强对外事工作的领导。希望各单位认真检查一下外事工作中存在的问题。一个时期以来，我院外事工作在整顿中取得一定成绩，但还需要继续加强。各所党委、所长要认真抓好这项工作。讲按照规章制度办事，并不是限制学术上的对外交流，而是为了更好地、有秩序地开展这一工作。

（原载中国社会科学院办公厅编《工作日报》1991 年第168 期）

关于落实 1991 年工作会议的
几点意见

——在 1991 年中国社会科学院工作会议
闭幕会上的讲话
（1991 年 12 月 16 日）

    我院的工作会议历时 5 天，今天就要闭幕了。我现在就如何贯彻落实这次工作会议精神讲几点意见。

    第一点意见，这次工作会议开得很成功，明确了办院方针，明确了科研工作的主攻方向。今后工作开展得好坏，关键在于我们能否抓好落实。

    这次工作会议，是在党中央、国务院的直接关怀和指导下进行准备和召开的。去年 12 月，江泽民同志指示我们：要总结经验，振奋精神，加强思想建设和组织建设，把中国社会科学院建设成马克思主义的坚强阵地。过去的一年，我们就是遵照党中央的指示精神，以马克思主义为指导，不断加强思想建设和组织建设，一步一步地前进的。胡绳同志代表院党委和院务会议向大会所作的报告，总结了我们过去一年的工作，我认为是实事求是的。当然，我们的工作还做得不够，还有不少问题亟待解决，需要我们进一步振奋精神，继续努力，做艰苦细致的工作。

在会议讨论期间，大家普遍反映，这次工作会议中央重视，中心明确，主题突出。确实，中央领导同志这一年对我院工作花费的时间是相当多的。中共中央政治局常委去年 12 月直接听取了我院党组的汇报。今年 2 月 23 日，江泽民同志、中共中央政治局常委的同志又同我院部分学者、专家及院所领导同志进行了座谈。随后，李铁映同志和王忍之同志分别同我院党组开了会。李铁映同志为了进一步了解我院的情况，准备来我院工作会议上做报告，又同我院部分学者专家和所局干部开了座谈会。此外，中央政治局常委宋平同志，还有中组部、中宣部的领导同志也多次听取我院工作汇报，帮助我们研究、解决工作中存在的问题。李铁映同志还派国务院副秘书长徐志坚同志协调有关部门，帮助我们研究、解决办院条件问题。这一次工作会议期间，江泽民同志和中央的一些领导同志亲切接见了我们，做了报告，讲了话。所有这些都表明，党中央对我院工作是十分重视的。这对我们是很大的鼓舞。这次会议进一步明确了我们办院的方针。会议期间，大家着重围绕办院方针、科研工作的主攻方向等重大问题，进行了认真的讨论、研究，取得了基本一致的意见。我看这是最主要的收获。这次工作会议对于我院今后的发展将具有重要的意义。在讨论中许多同志说得好，今后工作开展得好坏，关键在于这次工作会议的精神能否落实。所以，各级党组织和各级领导干部，一定要振奋精神，紧密结合本单位的具体实际，创造性地将工作会议的精神落到实处。

第二点意见，要坚持以马克思主义为指导，认真进行学科清理，深入批判资产阶级自由化思潮。

在这次会议上，很多同志讲到，当前，我们正面临着世界经济的激烈竞争和新技术革命的挑战，面临国际敌对势力推行和平演变的挑战。就意识形态领域来说，社会主义、马克思主义面临着几股反动思潮的进攻。一是西方敌对势力通过各种渠道传播的资产阶级的腐朽的思想政治观点、价值观念；二是在帝国主义压力下产生的、蔓延于苏联和东欧社会主义国家并已使之蜕变的民主社会主义思潮；三是国内极少数顽固坚持反对立场的人，迎合国际反动势力的需要所散布的反对党的领导、否定社会主义制度的资产阶级自由化思潮。这几种反动思潮在国内、国外互相呼应，妄想搞乱我们党和我国人民的思想，制造社会动乱，改变我国前进的方向，对我国实行和平演变。面对这几股反动思潮，我们必须以严肃的态度认真地加以研究，以科学的论证深入地加以批判。我院作为国家的社会科学研究机构，作为党领导下的无产阶级的思想理论阵地，理所当然地应该站到斗争的最前沿，为挫败国内外敌对势力在意识形态领域里的进攻，为保卫和发展马克思主义而建功立业。希望各所根据这次工作会议的基本精神，结合本学科的具体情况，确定一批批判这几股反动思潮的选题，集中一部分人力，写出有破有立、有一定理论深度、有说服力的理论著作。

应该看到，我院目前存在的某些现状同社会科学战线面临的严峻形势和艰巨任务还不很适应。面对思想理论、意识形态领域的尖锐斗争，我们的战斗力还不够强。还没能写出更多更好的、有充分的说服力和强烈的感染力、坚强的战斗力的著述来。我们必须根据李铁映同志报告中所指出的进行学科清理的指示精神，把清理资产阶级自由化思潮及其思想理论基础对各学科的影响，作为我们学科建设的重要任务来抓。通过清理谬误，真正确立马克思主义的指导地位，并逐步解决部分科研人员深层次的各种认识问题。这是我院建设的一项基础性工作。当然，学科清理工作是一项政策性很强的工作。院党委准备在工作会议之后，对此专门进行研究，做出具体部署，以保证这项工作健康发展。

第三点意见，要注意选题立项，发挥多学科的综合优势，拿出重大科研成果。

李铁映同志、胡绳同志的报告，以及王忍之同志在全国哲学社会科学规划会议上的报告，都明确指出科研工作要面向实际，把研究建设有中国特色的社会主义所涉及的各种重大理论问题和实际问题，作为我们科研工作的主攻方向。这一点对于我们今后的工作具有很重要的意义。但是，哪些问题是重大的理论问题，哪些问题是重大的实际问题，还需要进一步深入实际来探索和发掘。在科学研究工作上，选题是一个很重要的环节。科研工作出题目、定项目本身就反映是否能结合实际，反映学术水平。正如毛主席所讲的，科学是老老实实的学问，来不得半点虚假。我们只有老老实实地深入实际，才能在科研中提出问题，做出成绩。最近，工业经济所陈栋生同志去内蒙古呼伦贝尔盟代职做副盟长，组织我院部分科研人员帮助呼伦贝尔盟搞调查研究，制订发展规划。前不久，呼伦贝尔盟的书记给我来了一封信，他说："我们实在难以用语言表达对你们的感激之情。这次社会科学院派来的专家组，工作非常出色，可真为我们解决了大问题。我们呼盟所缺的正是这方面的工作。"这反映了广大人民对我们工作的热烈期望。

要真正研究一些重大理论问题和重大实际问题，必须充分发挥我院多学科的综合优势。在这方面，经济片做得比较好。研究重大的课题，如果还是沿用旧的研究手段，采取"个体户"式的研究方法，很难搞出有重大影响的东西来。譬如研究海湾形势，就涉及民族学、经济学、宗教学和世界历史，还包括军事科学方面的一些知识，不组织多学科进行综合研究，要想拿出高水平的成果就很困难。应该说，我们社会科学院学科门类比较齐全，这是一大优势，但这个方面的优势没有很好地发挥出来。院科研局和各学科片应在这方面多下一点功夫，做好多学科的组织协调工作。

要拿出高水平的科研成果，还必须培养好的学风。李瑞环同志、王忍之同志在讲话中，都提出了要纠正不良学风的问题，应该引起我们足够的重视。在小组会的发言中，很多同志也指出，学风不正的现象在我院还比较严重。例如，有的人不是踏踏实实进行调查研究，老老实实做学问，而是投机取巧、东拼西抄，粗制滥造一些毫无价值甚至观点错误、影响很坏的东西；有的人承担了国家项目、社科基金项目或院重点项目，拿了课题经费，但主要精力不用于这些计划内项目，而是去搞一些个人的东西，承担项目明明未完成，却谎报早已完成；尤其严重的是，有的人长期不搞科研，而去经商、跑买卖！对于这些不良的学风以至歪风邪气，我们决不能视而不见，淡然处之！如果不树立良好的学风，怎么能够保证科研工作的主攻方向？对类似上述不良现象，各所应该清理一下，坚决地予以纠正。

第四点意见，要坚定不移地贯彻我院在"八五"期间的 20 字工作方针。

李铁映同志、胡绳同志在报告中都明确指出，我院在"八五"期间的工作方针是"坚持方向，稳定规模，突出重点，提高水平，改善条件"。这 20 字的工作方针，把坚定正确的政治方向摆到了第一位，这一点应贯穿到办院、办所的各项工作中去。在这方面，我们过去是有深刻教训的。我们应当在科研工作中坚持运用马克思主义的立场、观点、方法，结合中国社会主义现代化建设的实际，加强有中国特色的社会主义的经济、政治、文化建设的研究，努力做出创造性的贡献，推动社会生产力的发展和社会的全面进步。这是我们社会科学工作者神圣的职责。我们的各项工作都应该紧紧围绕社会主义政治方向来展开，如确定选题时，就应根据"一个中心，两个基本点"、社会主义现代化建设这个总的任务，选定我们的主攻方向。又如在干部工作上，选拔干部要考虑他的马克思主义立场坚定不坚定，是不是德才兼备等。总之，各项工作的开展都应该牢牢把握办院的社会主义方向。

关于稳定规模的问题，中心的意思就是在"八五"期间，我们社会科学院不要再盲目地扩大，要很好地整顿。简单地讲，就是要在稳定的基础上"消肿"。每个单位都应该认真地分析一下，你这个单位队伍的实际情况怎么样，战斗力如何，有多少兵，多少将；哪些是精兵，哪些是散兵游勇；"将"的政治素质如何、学术水平怎么样。有些同志反映说，他那个单位减少 1/3 的人员，不仅工作不会受影响，还会做得更好一些。有些单位中确实有那么一些人，多年不做工作，不出成果，一分房子、评职称，人就来了，而且"战斗"精神很强，成天找所长，软磨硬泡，大吵大闹，似乎是"小闹小解决，大闹大解决"，摆出不达目的决不罢休的架势。对这种状况，不加整顿，怎么做工作呢？各单位领导一定要坚持原则，决不能助长这种不良倾向。胡绳同志在报告中讲"优胜劣汰"，但现在是"优"的进不来，"劣"的出不去。这里有个大环境问题。

但是不是自己完全不能解决？不是的。近年来有些所，包括院部有些单位，经过做工作，有些不适应搞科研的人也调整出去了一部分。这里的关键在于领导班子敢抓，敢管，敢坚持原则处理问题。总而言之，我院规模不能再盲目膨胀了。要按照李铁映同志指出的，搞一个调整、整顿的规划，经过细致、慎重的研究后，对有的所室该充实的要充实，该撤并的要撤并。进人一定要慎重，不要乱进。有些人该调整、该送出去的，要想办法调整、送出去；而对于那些政治上真正好的、学术上真正拔尖的中青年科研人员，应当采取倾斜政策，切实解决他们的专业职务、工资待遇和住房困难等方面的实际问题。只有这样，才能真正形成优胜劣汰、人才流动的竞争机制。

要稳定规模，还要提高水平，这就必须加强科研、行政管理，从根本上扭转科研秩序和工作秩序"松""散""乱"的局面。实行坐班制，一定要坚持不懈地抓下去。各级领导特别是研究所的领导要高度重视，亲自抓这项工作。

第五点意见，切实加强党的领导，在实践中不断完善党委领导下的所长负责制。

实行党委领导下的所长负责制，是改善和加强党对科研工作的领导，把我院建成马克思主义坚强阵地的重要组织保证。这是中央的决定和指示。李铁映同志在讲话中，对我院实行党委领导下的所长负责制的必要性讲得很清楚。经过多方面的努力，现在已有18个单位改行新的领导体制，成立了新党委，还有十几个研究所有待解决。实践说明，实行新的领导体制，有利于切实加强科研队伍的思想建设、组织建设和学风建设，使科研工作更好地发展。在新的体制下，研究所领导班子成员应当团结协作，同心同德抓好工作。所长应主要抓科研工作，除组织、管理、领导全所的科研活动外，自己还要做研究工作；常务副所长负责所的日常行政组织工作；党委、党委书记主管大政方针、党的建设和政治思想工作等。实行集体领导、分工协作，才能把研究所的工作做好。

从会议讨论发言来看，同志们对这个问题的认识是一致的，是拥护的。改行新体制，会发生许多新情况、新问题，我们在实践中要注意研究和解决，并且认真总结，积累经验，不断完善这一体制。关于党委、党委书记同所长如何协调工作的问题，林甘泉同志介绍的历史所的经验，我看很好，值得各所借鉴、参考。从某种意义上讲，党委书记同所长的关系就如同军队里的政委和司令员之间的关系。我们党在这方面有很好的传统，那就是政委同司令员互相尊重、互相支持，既有分工，又要合作。关于研究所党委工作和所务工作，已拟订出两个条例供大家试行。当然，光凭条例还是不行的，主要靠大家同心协力，互相尊重，互相支持，在实践中不断地创造新的经验。

党委和党委书记必须抓好党建工作。我院有 3000 多名党员、260 多个党支部，只要把党建工作做好了，充分发挥党委的政治核心作用、党支部的战斗堡垒作用、党员的先锋模范作用，全院的工作、各所局的工作就一定能做好。目前全院还有十多个单位没有建立新的体制，要抓紧进行，争取 1992 年上半年把党委书记配齐，组建起新党委，积极开展工作，不断地总结经验，把党委领导下的所长负责制全面建立起来。

第六点意见，采取切实措施，加强对中青年科研人员的培养和提高，建设一支跨世纪的马克思主义社会科学工作者队伍。

会议期间，大家一致认为，加强队伍建设，帮助中青年科研人员努力提高思想政治素质和业务素质，培养新一代马克思主义社会科学工作者，是把我院建设成马克思主义坚强阵地的关键问题。在发言中，大家普遍对我院在队伍建设中存在着的一些亟需解决的问题，特别是某些学科后继乏人的问题表示忧虑。同志们在这个问题上能形成共识是很好的。但仅有危机感和紧迫感是不够的，必须要有切实可行的措施。从1992年开始，在这项工作上我们应抓好以下几个环节。

第一，加强领导，制订出规划。院所两级都应该成立由主要负责同志牵头的青年科研人员培训领导小组，按照李铁映同志在报告中提出的六点基本要求，对本单位的青年研究人员进行分析，明确每个人的补课重点，在这个基础上，拟定出各所的培养规划。院人事教育局、科研局要综合各所的规划，拟定全院的培训规划。建立实习研究员导师制度和下基层调查研究、锻炼制度，要与培训规划有机地结合起来。最近，我听了一个所的主要负责同志的汇报，他对本所的队伍建设考虑得比较周到，对他那个所各学科有无学术带头人，有多少科研骨干，多少青年是培养对象以及如何培养等，都有具体设想。不光考虑当前，还考虑到这个所以后学科的发展、干部的成长。我觉得我们在位的领导同志都应该做这个打算，不仅要考虑现在，还应考虑到下一步。

第二，院所两级都可以考虑成立中青年科研人员马列基本著作读书班。有的同志反映，一些青年同志马列主义基础很差，有的连《共产党宣言》也没有读过，有的研究生毕业时连《论持久战》讲的是什么都不知道。有的竟公开讲不相信马克思主义，甚至对马克思主义持所谓"批判"态度，他们并不了解马克思主义的基本理论，就以西方反马克思主义的论点为依据说三道四，横加非议。这样的人哪里还谈得上为建设马克思主义坚强阵地做贡献呢？有的同志不是提出"什么样的人算不适应科研工作，最好有具体标准"吗？我看这种人就"不适应"。当然，年轻人具有可塑性。但你得去"塑"呀！现在有些单位"散"得很，将不见兵，兵不见将，这样下去，青年的成长是很困难的。我们必须把抓好马克思主义基本理论的教育，作为培养中青年科研人员的基本环节。各所要结合本学科的特点，开出必读的马列书目，分期分批地组织中青年科研人员进读书班补课，对学习效果必须进行严格考核，作为评审专业职务的重要依据。

第三，必须建立健全业务考核制度，真正实行优胜劣汰。首先，考核要认真、严肃。优秀就是优秀，合格就是合格，不合格就是不合格，不能含糊。其次，在认真考核的基础上，还必须采取相应的奖惩措施，坚决实行优胜劣汰。讨论会上不少同志也提出，要稳定规模，坚持内涵式的发展，提高水平，必须形成人才流动、优胜劣汰的竞争机制。但这个问题1985年就提出来了，年复一年，6年过去了，不见具体成效。问题出在哪里呢？除了大环境之外，就我们自己的工作来说，主要出在两个环节上，一是考核制度不健全、不严格，二是决心不大，怕负责任。这两个环节不解决，"八五"期间我院在组织建设上建立一支政治素质较好、业务素质较高的、能坚持理论联系实际的精干的队伍的目标，就还会落空。因此，院人事教育局、科研局务必在近期对业绩考核制度进行修订，拟出统一的切实可行的考核办法、考核标准，经院务会议讨论通过，贯彻实施。各单位的领导要严格地按考核制度办事。真正优秀的就要予以奖励；政治、业务考核不合格的，就要进行批评教育，限期改正；表现特别差的，要坚决处理，调整岗位或者低聘、解聘。时至今日，我们在这个问题上一定要动真格的。浦山同志、杨润时同志到研究生院后，认真抓了整顿工作，很见成效。你一动真格的，有些马马虎虎混日子的人，就不能继续混下去了。每个所都要以认真负责的精神，把这件工作切实抓起来。

第四，做好中青年科研骨干和学术带头人的培养工作。在一定意义上说，所谓学科优势，就看有没有学科带头人，学科带头人有多少，以及他们的学术水平如何。目前我院有些学科后继乏人，主要反映在学术带头人青黄不接。因此，一定要在严格考核的基础上，发现和培养一批有发展前途的中青年苗子，鼓励和扶植他们尽快成长，脱颖而出。对于那些政治素质好、在科研工作中有突出贡献的中青年科研人员，要在评聘专业技术职务、承担重点科研项目、晋级增薪以及分配住房等方面实施倾斜政策，采取特批办法。各所都要做出自己的规划，争取在"八五"期间，各学科科研骨干和学术带头人青黄不接的状况基本得到缓解。

第七点意见，要加强科研管理的计划性，抓好重点科研项目，确保科研工作的主攻方向。

我院的科研工作为什么要面向实际、为现实服务？为什么要把建设有中国特色的社会主义所涉及的重大理论问题和实际问题作为科研工作的主攻方向？几位领导同志在讲话中都做了明确的阐述，同志们在会议期间也做了充分的讨论。那么，如何保证科研工作的主攻方向呢？

我们要做细致的思想政治工作，提高大家的思想认识。有些科研人员认为，研究现实问题特别是研究比较敏感的现实问题，难度大，不容易出成果，而且有"危险"，容易犯错误。这些疑虑或者是思想顾虑，应当解除。法学所的同志在大会发言中说得好，作为马克思主义的社会科学工作者，应该有理论的勇气，不回避现实生活中存在的尖锐的有争议的重大问题，这样才有可能真正在理论上有所建树。我们应该扪心自问，如果社会主义现代化建设所遇到的、党和人民普遍关心的重大理论问题和实际问题我们不去研究，而只是去搞一些远离现实的所谓"纯学术研究"，怎么能够引起社会和人民对我们的工作的重视？毫无疑问，在科学探讨中会出现失误，研究现实问题也不例外，但我们当然不能因为怕犯错误而不去研究问题。过去人们讲只有两种人不犯错误，一是死人，二是不做工作的人。但不做工作本身就是一个大错误。运用马克思主义的立场、观点研究问题，也可能出现偏差以至失误，但这和从错误的立场、观点出发是不同的；学术问题上的错误和政治错误更要严格区分开来。在学术问题上，我们要贯彻执行党的"双百"方针，允许犯错误，通过讨论和实践来分辨是非。

我们提倡科学研究面向实际，坚持为建设有中国特色的社会主义服务，绝不是要削弱或者忽视基础理论的研究。一般说来，就我院大多数学科而言，基础理论研究和重大现实问题的研究是可以互相促进的。基础理论研究的功底扎实，可使应用研究、对策研究达到更高的水平。在进行基础理论研究时，也要考虑到与实际结合。而在应用研究、重大现实问题研究的基础上，注重理论抽象和升华，又可以加强各学科基础理论建设。我们在科研组织工作中，要注意处理好这两者的关系，将两者有机地结合起来，而不要将两者对立起来、割裂开来。

为了保证科学研究工作的主攻方向，要以科研计划为龙头，加强科研工作的计划管理。我院和各研究所主要是搞科学研究的，因此，一切工作都要为科学研究服务，就是说要以科研计划为龙头，人、财、物要根据科学研究的需要来安排。科研计划不能是东拼西凑的大拼盘式的计划，务必要体现主攻方向。个人的研究计划也应该经过所务会议批准，列入计划里边。在考虑科研项目选题时，研究重大理论和重大现实问题的选题应占较大的比重。各所要根据这一精神，并结合本单位各学科的具体情况，对本所的"八五"科研规划和1992年的年度科研计划进行调整，报院科研局汇总，经主管院长审定。院办公厅综合计划处要在全院"八五"科研规划和1992年年度科研计划的基础上，会同有关部门编制全院的包括人、财、物计划在内的"八五"综合规划和1992年的年度综合计划。在实施科研计划的过程中，对于研究重大现实问题和重大理论问题的选题，务必在科研力量配置、科研经费及成果出版补贴经费等方面予以优先考虑。在考核科研成果、评聘专业职务时，要坚持以考察计划内的项目为主。要扭转轻视调研报告和对策报告的倾向。对于在研究重大现实问题方面有突出贡献的科研人员，应及时予以鼓励和表扬。

要落实好这次工作会议的精神，做好上述各项工作，必须加强院所两级的领导工作。社会科学面临严峻的形势和艰巨的任务，社会科学工作者要增强历史责任感和使命感。这一点对于院所领导尤其重要，因为我们是领导者、带头人，对于办好院、所，带好这支几千人的科研队伍，肩负着重大的责任。我们要切切实实地担负起这个责任来，以身作则，率先垂范，和全院同志们一道振奋精神，同心协力，遵循中央领导同志的指示精神，为把我院建设成为马克思主义的坚强阵地而奋斗！

联系实际，学好讲话[*]

——在中国社会科学院第二期所局级干部读书班上的讲话

（1992 年 4 月 17 日）

刚才，孙景超同志对这期学习班的活动作了安排。这期学习班，一定要把学习党史同学习贯彻中央政治局会议精神、小平同志最近的重要谈话和小平同志关于建设有中国特色的社会主义的一系列论述结合起来，提高我们坚定、准确、全面地贯彻党的基本路线的自觉性。只有全面准确地理解，才能有正确的贯彻。我认为，这一点非常重要。下面我谈几点具体意见。

第一点意见，大家要珍惜这次学习机会，集中精力搞好学习。

考虑到同志们在各自的岗位上都很忙，对是不是需要抽出一段时间来集中学习，我们是经过反复研究的。一方面，考虑到同志们平时忙于科研和行政管理工作，在本单位里很难集中一段时间坐下来进行政治理论学习，长此下去，不利于我们领

　＊ 这篇讲话于 1992 年 4 月 29 日以"社科（92）机党字 16 号"文件发院属各单位党委、直属总支（支部）。

导干部政治思想和领导水平的提高；另一方面也是更重要的，小平同志最近的重要谈话，具有重大的现实意义和深远的历史意义。正如我院很多同志在学习中指出的，小平同志的重要谈话，具有定向、把关、掌舵的重要作用，是指导我国社会主义现代化建设的纲领性文件，也是指导我院院所建设的纲领性文件。结合我院实际，学习好小平同志的重要谈话，对于我们在办院办所、领导和组织科学研究的过程中，坚定、准确、全面地贯彻党的基本路线，实现党中央提出的把我院建成马克思主义的坚强阵地，将建设有中国特色的社会主义所涉及的各种重大理论问题和实践问题作为我们科研工作的主攻方向，为改革开放和现代化建设提供经得起实践检验的理论依据这一目标，具有重大意义。基于上述考虑，院党委决定，第二期所局级干部党史学习班还是要办，既然办，就要办好，办出实效。因此，希望同志们珍惜这次学习机会，集中精力学好文件，力争通过学习，我们的思想认识提高一步。

第二点意见，要全面、准确、深刻领会小平同志重要谈话的精神实质。

小平同志的重要谈话深刻地总结了我国改革开放、建设有中国特色的社会主义的丰富经验，提出了许多重大的理论问题，丰富和发展了马克思主义。我们在学习中要注意两点。

一是要把握住要点。小平同志的谈话阐述了许多极为重要的思想，如关于改革是发展生产力和解放生产力的思想；关于党的"一个中心，两个基本点"的基本路线要管一百年，动摇不得的思想；关于要抓住时机，加快改革开放步伐，集中精力把国民经济搞上去的思想，等等。我们要联系当前国际、国内的形势和小平同志的一贯思想来学习，来领会。

院党委经过认真学习和讨论，认为小平同志关于要抓住时机、加快改革开放的步伐，使国民经济上一个新台阶的指示非常重要。目前是我国实现第二步战略目标的关键时期，国内外形势对我国有利。在国内，改革开放十多年，取得了巨大的成就，积累了丰富的经验。三年治理整顿告一段落，经济发展，社会稳定，人心思发展，举国盼改革，加快改革有了宽松的环境。在国际上，苏联解体，东欧剧变，世界战略格局向多极化转化，西方矛盾重重。我们现在对第三世界国家和周边国家的外交有很大成就，关系搞得很好，而西方帝国主义国家正集中精力应付国际上的纷争，加上它们国内经济不景气，不可能集中对付我们。我们要抓紧有利时机，进一步深化改革，扩大开放，把经济搞上去，这样就可以立于不败之地。关于中国要警惕右，但主要是防止"左"，不论右或"左"都会葬送社会主义的思想，需要我们从党的历史上进行回顾，总结出经验教训。关于姓"资"姓"社"的三条标准，以及关于计划和市场都是经济手段，不是社会主义与资本主义的本质区别的思想，过去有些人对这个问题认识不清，我们要进行很好的研究。关于一定要坚持"两手抓"的思想，小平同志早就讲要坚持"两手抓"，一手抓改革开放，一手抓坚持四项基本原则，反对资产阶级自由化；一手抓物质文明建设，一手抓精神文明建设，而且两手都要硬。还有关于反对形式主义，少说空话，多办实事等思想。所有这些重要思想，都是马克思主义在新的历史条件下在我国实践中的新发展。我们在学习过程中，对于这些重点，要逐一深入讨论，深刻领会。

二是要全面领会精神实质。小平同志的重要谈话，充满唯物辩证法。我们学习小平同志的重要谈话，也要坚持唯物辩证法，全面领会精神实质。比如小平同志关于"中国要警惕右，但主要是防止'左'"的思想，是很有针对性的。长期以来，我们有些人总认为"'左'比右好"或宁"左"勿右、越"左"越革命。"左"有带引号与不带引号的区别，正确的"左"，当然是好的；但如果以为越"左"越好，那就会走上邪路。搞极"左"的人在一定的条件下又会转到极右，王明不就是这样吗？过去，曾有人提出：右是投降主义，"左"是冒险主义；右是怕死鬼，"左"是冒失鬼；右是立场问题，"左"是方法问题等说法。用这类说法来证明"左"比右好是不对的。通过不断学习和长期的革命实践，我们才对于"左"和右的问题逐渐有了正确的认识。小平同志正是全面总结了党的历史经验教训后精辟地指出："右可以葬送社会主义，'左'同样可以葬送社会主义。"当前，"左"的观念对于进一步改革开放十分有害。"左"的思想禁锢不破除，改革开放就迈不开步，不改革开放，就只能是死路一条。因此，我们必须防止教条主义，防止僵化，防止"左"。但同时，我们又不能走向另一个极端，不能忘记还要"警惕右"，不允许在防"左"的名义下，否定批判资产阶级自由化，否定抵制"和平演变"的必要性。再如关于姓"资"姓"社"的问题，小平同志批评了把改革开放说成是引进和发展资本主义的错误思想，并提出判断姓"资"姓"社"的三条主要标准。在这个问题上，近两年确有"左"的东西，什么都要去问一个是姓"资"还是姓"社"，不然就不敢干，顾虑重重，迈不开步子，这是不对的。但另一方面，小平同志并没有否定要问姓"资"姓"社"，大的方向问题还得"问"。我们的改革开放是社会主义制度的自我完善。这次小平同志讲，"不坚持社会主义，不改革开放……只能是死路一条"，"必须始终坚持四项基本原则"，反资产阶级自由化"现在看起来还不止二十年"，等等，就是说姓"资"姓"社"的问题不能简单取消。但不能什么都去"问"。在实际工作中，对于有资本主义嫌疑的问题怎么办？应分三种情况：（1）资本主义搞了的，但不是资本主义的专利，而是社会化大生产和商品经济必需的，就不要将它看成资本主义的，如股份制、市场经济等。看准了的，就大胆试，并认真总结经验，对的就坚持，不对的赶快改。（2）确是资本主义的，但对我有用，有利于发展生产力，如外资企业、私营企业等，在加强管理的条件下，我们拿来为我所用。（3）是资本主义的腐朽的东西，就要坚决抵制和反对。我们要坚持"两手抓"。只要我们坚持"两手抓"，"两手"都硬，就没有什么可怕的。

总之，学习小平同志的重要谈话，一定要把握要点、全面领会，这对于我们吃透小平同志的重要谈话的精神实质，办好院、所，坚持科研工作的正确方向，非常重要。

第三点意见，学习、落实小平同志的重要谈话，一定要结合我院的实际，繁荣科学研究，把我院的改革引向深入。

我院是一个科学研究机构，党中央、国务院希望我们把社科院建成马克思主义的坚强阵地，希望我们为改革开放、为建设有中国特色的社会主义提供系统的、经得起实践检验的理论依据。根据党中央、国务院的指示精神，去年12月我们召开了院工作会议。会议明确提出，要把我院建成马克思主义的坚强阵地，要把建设有中国特色的社会主义所涉及的重大理论问题和实践问题作为科研工作的主攻方向。根据工作会议精神，院、所都在制订"八五"科研规划和今年的年度计划。小平同志在重要谈话中，提出了一系列重大理论问题，我们有责任围绕这些重大理论问题进行深入探讨，拿出高质量的成果。因此，院及各所都应根据小平同志的谈话精神，修订、充实科研选题。对重大的科研选题，务必集中力量，尽快拿出高水平的成果。不只是出几本书，而是要能够经过我们的研究给中央和国家决策当好参谋。比如，我院经济片的几个所应经常对经济改革中出现的问题进行深入细致的调查研究，及时提出对策建议，供中央决策参考。今后，要在这些方面多做工作。

为了繁荣科学研究，必须进一步落实"双百"方针。小平同志说，改革开放胆子要大一些，要大胆地试，大胆地闯。我们搞科学研究，也要思想解放，大胆地探索。要提倡学术争鸣，活跃学术气氛。在这里，我顺便谈一谈院工作会议期间提出的学科清理问题。院工作会议提出学科清理，意在清理批判资产阶级自由化及其理论基础。为了将我院建成马克思主义的坚强阵地，必须批判资产阶级自由化，也必须防止思想僵化、教条主义。为了避免在"左"和右的概念上引起争论，我们现在考虑，"梳理各学科中有争论的重大理论问题"的提法更好一些。我们在年初发出的《中国社会科学院1992年工作要点》中也是这样提的。把梳理同学科建设、同科学研究紧密结合起来。在梳理过程中，不戴帽子，提倡学术争鸣、探索，提倡自我教育、自我提高，推动科学研究。

小平同志在谈话中，要求加快改革开放的步伐。这一思想同样适用于我院。要实现院工作会议确定的目标，我院改革的任务十分繁重。上期学习班的同志也提出意见，说几任院领导改革的步子都很小。对同志们的意见，院党委非常重视。院党委学习小平同志的重要谈话时，对这个问题进行了研究讨论。希望参加第二期所局级干部学习班的同志，也就这个问题开动脑筋，畅所欲言，献计献策。比如，如何加强科研管理；如何形成优胜劣汰的竞争机制，逐步打破"三铁"；如何拓宽为社会、经济服务的领域和渠道，搞一些有偿的咨询服务，搞一点创收，适当改善一下科研工作条件和科研人员的生活条件等。希望大家出主意、想办法，把我院的科学研究工作和改革向前推进一步。院里现在工作头绪多，比如聘任制的问题，已提出几年了，究竟怎么解决这个问题？前一段，院里检查工作纪律执行情况，查出100多人不坐班，在外面搞经商，这究竟允许不允许？对机关中的冗员，这次人大会上也讲了，以后要搞小政府，大服务，要精兵简政。简下去的人员，不能推到社会上，要求自行消化。类似的改革中将面临的问题，各所要有所考虑。我院到底如何改革，是一项很复杂的工作。从战略上看，思想要更解放一些，改革开放的步伐要更快一些，胆子更大些；在具体措施上，则必须有计划、有步骤，稳扎稳打。我们既要态度积极，又要步骤稳妥。"稳妥"不是"稳而不进"，而是工作一定要扎实。院里准备集中大家的意见之后进行研究，拟出方案，逐步实施。

我几次在党委会议和工作会议上提出，希望大家敞开思想，有什么认识就讲什么认识，经过学习讨论，达到统一思想、团结同志、繁荣社会科学研究、推进改革开放、加速社会主义现代化建设的目的。比如，有人说实行党委领导下的所长负责制是"左"了；也有人说实行坐班制是搞形式主义等，各种各样的讲法都有。到底应该怎样做，我看大家在这次学习中要结合院的具体情况，进行讨论，统一认识，研究一下我们的工作如何改革。院党委在给中宣部的报告中，也提出了一些初步的考虑。例如，关于修订、充实我院的"八五"科研规划和

1992 年年度科研计划，进一步突出科学研究为经济服务、为改革开放服务的主攻方向，拓宽现实问题的研究领域，充实关于改革开放的选题；进一步落实"双百"方针，提倡学术争鸣，活跃学术气氛，繁荣科学研究；加快我院科研与行政管理体制的改革步伐，完善课题责任制，加强对科研项目的管理，加强业务考核，改进和完善聘任制，实行优胜劣汰，逐步打破"三铁"；努力创造条件，吸引国内外优秀科研人才；实行管理与服务分开，逐步实现后勤服务社会化；打破研究所小而全的体制，合并裁减行政后勤机构，充实科研第一线；拓宽为经济建设、为改革开放服务的领域和渠道，利用我院的智力优势，创办经济技术、社会发展咨询服务中心，开展有偿咨询服务，等等。院党委拟组织专人，就上述各项改革设想进行具体论证，提出方案，分步实施，并对我院的整体改革思路进行深入研究。各研究所也应该从实际情形出发，研究有关改革的各种问题。例如各所都有一套行政机构，精简的任务还很重，如何做，研究所设不设行政机构，这是值得考虑的问题。希望大家在学习中对这些问题很好地研究一下。对这件事，我们的态度是既要积极，又要稳妥、扎实。

总之，希望同志们在学习期间一要认真，二要开动脑筋，三要敞开思想，畅所欲言，献计献策。对大家学习中提出的问题，胡绳同志将专门来讲话。我就讲以上几点意见。

树立为繁荣社会科学而献身的精神[*]

——在纪念"七一"表彰优秀党员大会上的讲话
（1992 年 6 月 29 日）

同志们：

今天，这个会议开得很好。在此，我首先代表院党委，向在我院各条战线上勤勤恳恳工作的共产党员及全体同志致以节日的问候，向张海涛、刘宗弼等 12 位荣获优秀党员称号的同志，以及荣获先进党支部称号的法学所刑法研究室党支部的同志致以热烈的祝贺！

71 年来，我们党为着民族解放、社会进步和人民幸福，团结和领导全国人民进行了不屈不挠的英勇斗争。我们党 71 年所走过的道路是不平坦的，既创造过震惊世界的人间奇迹，也面对过无数激流险滩，甚至遭受过严重的挫折。但由于我们党始终坚持实事求是的思想路线，把马克思主义的普遍真理同不断变化的中国实践相结合，始终坚持全心全意为全中国人民服务，相信人民群众，依靠人民群众，我们一次又一次地战胜了

---

* 这篇讲话于 1992 年 7 月 7 日以"社科（92）机党字 22 号"文件发院属各单位党委、直属总支（支部）。

困难，从胜利走向新的胜利。在尖锐复杂的斗争中，我们党也锤炼得更加坚强、更加成熟。我们党不愧为光荣、正确、伟大的党！

以党的十一届三中全会为重要标志，我们党、我国人民、我国的社会主义事业跨入了一个新的历史时期——改革开放时期。在这个时期，以邓小平同志为代表的中国共产党人，根据变化了的国际、国内形势，科学地总结了国内外社会主义实践的正反经验，提出了建设有中国特色的社会主义理论，确立了"一个中心，两个基本点"的基本路线。十多年来，我国人民在这一正确理论指导下，沿着这条正确路线前进，取得了巨大成就，使我国社会主义事业在国际风云变幻中能经得起严峻的考验。有中国特色的社会主义建设道路的开创及其理论、路线和方针政策的形成，标志着我国的社会主义事业进入了一个新的发展阶段，标志着我们党对社会主义的科学认识实现了新的飞跃。这是我们党对我们国家、民族和人民建立的新的历史功绩，是对马克思主义作出的巨大的历史性贡献。

为了进一步推动我国的改革开放，小平同志在调查研究的基础上，发表了重要谈话。小平同志的谈话贯穿着一个鲜明的中心思想，就是必须坚定不移地全面贯彻执行党的"一个中心，两个基本点"的基本路线，解放思想，实事求是，放开手脚，大胆试验，排除各种干扰，抓住有利时机，加快改革开放步伐，集中精力把经济搞上去，不断地把有中国特色的社会主义事业全面推向前进。小平同志的重要谈话、中央政治局会议精神和江泽民同志不久前在中央党校的讲话传达之后，全党全国掀起了进一步改革开放、真抓实干的热潮。下面，我对我院贯彻邓小平同志、江泽民同志重要讲话精神讲几点意见，供同志们讨论参考。

第一，要在深入学习、全面深刻领会小平同志重要谈话精神实质的基础上，撰写一批有分量的阐述小平同志重要思想的文章。小平同志的重要谈话，提出了一系列关于建设有中国特色的社会主义理论和实践的重大问题。我院作为国家的社会科学研究院，有责任、有义务通过理论与实践的结合，把这些重大问题阐释清楚，以清除人们头脑中存在的一些过时的旧观念，破除阻碍深化改革开放的各种思想障碍和干扰，为推进改革开放作出我们应有的贡献。希望各所结合自己的专业组织撰写这样的文章。

第二，要围绕活跃科学研究，多出成果、快出人才这个中心，深化我院各个方面的改革。在新的历史时期，党要求各方面的工作都要围绕经济建设这个中心展开，我院的工作当然也不能例外。但这是否就是说，我们都去搞经济工作，都去办公司、搞经商呢？显然不能这样狭隘地理解。当前，有一些同志一提到深化我院改革，就把注意力集中到办公司、搞创收上，很显然，这种想法是片面的。我院是一个科研单位，我们的中心任务是科学研究，是繁荣社会科学，当好中央和国务院的参谋和助手。对于我院来说，为经济建设这个中心服务，最根本的应该是，将经济体制改革和经济发展中提出的一系列重大理论问题和实践问题作为我们科研工作的主攻方向，用高质量的科研成果为经济体制改革和经济发展提供经得起实践检验的理论依据和理论支持。因此，深化我院改革，最根本的，也就是进一步改革科研管理体制、人事管理制度、政治思想工作制度、行政管理制度，以逐步形成能够保证科学研究的正确方向和主攻方向以及多出成果、快出人才的运作机制。在这方面我们面临十分艰巨的任务，例如，如何对学科设置和科研机构进行合理调整，以保证科研工作的主攻方向；如何改进和加强科研工作的领导和计划管理；如何加强业绩考核，改进和完善聘任制，优化科研队伍；如何打破"小而全"体制，调整院所两级行政后勤机构，精简冗员；如何实行管理和服务分开，逐步实现服务社会化，等等。所有这些问题，都需要我们解放思想，开动脑筋，大胆探索。希望全院各级党组织和广大干部、群众，将对我院改革的注意力放到这些问题上来，群策群力，把我院改革引向深入。

第三，在保证科研这个中心的前提下，充分利用我院的智力优势，面向社会开展有偿咨询服务。我在前面说过，不能狭隘地将深化我院改革等同于办公司、搞创收，但并不是不提倡或不支持正当的创收活动。正当的创收活动我们是大力支持的。院党委在今年3月30日给中宣部《关于我院传达、学习、贯彻邓小平同志重要谈话情况的报告》中就已经提出，要"拓宽为经济建设、为改革开放服务的领域和渠道，利用我院智力优势，创办经济技术社会发展咨询服务中心，开展有偿咨询服务"。小平同志的南方讲话传达之后，院里对我院的创收能力进行反复研究，初步考虑有以下三个方面：一是管理局实行管理与服务分开，成立服务公司，对外经营，对内有偿服务；二是搞好一些经济实体，如人文公司、出版社、社科宾馆等；三是成立咨询服务总公司，面向社会开展咨询服务。这一思路是符合中央精神和我院实际的。中央最近发布的《关于加快发展第三产业的决定》明确指出："与科技进步相关的新兴行业，主要是咨询业（包括科技、法律、会计、审计等咨询业）、信息业和各类技术服务业等"是重点支持的第三产业。从我院实际来看，面向社会开展经济技术社会发展咨询服务，既是我们的优势所在，又可拓宽理论联系实际的渠道，通过调查咨询，直接为改革开放和经济、社会发展服务，并反过来促进科学研究。还可以吸纳从各单位调整下来的富余人员，创造部分收入，适当改善科研人员的科研条件和生活条件，一举数得。所以，开展有偿咨询服务，是我院创收活动的重点领域。几个月来，为了积极稳妥地推进这一工作，院里对此进行了反复研究，科研局制订发布了《关于研究所接受委托开展咨询服务工作的若干规定（试行）》，院深化改革研究工作小组草拟了《中国社会科学院企业化管理单位暂行管理办法》《关于组建中国经济技术社会发展研究咨询公司的几点意见》等条规。最近，院里还准备成立以龙永枢秘书长为首的开发创收领导小组，对全院的开发创收活动实行统筹规划和指导。希望全院各级党组织对此采取积极态度，认真学习，研究中央5号文件，结合本单位实际，拟定出本单位开发创收的设想，并与院里积极配合，使创收工作，特别是咨询服务工作，积极稳妥地开展起来。

第四，进一步加强党的组织建设和思想建设，加强和改善党的领导。我们应该清醒地看到，现在历史条件变了，社会环境变了，党肩负的任务更重了，因此，党的建设和党的领导方式、方法等，也要相应地加以改变和改进。当前，在加强党的组织建设方面，应着重抓好两个方面的工作。一是要继续健全党委领导体制，还没有成立新党委的几个研究所，要抓紧配备干部，组建新党委；已实行党委领导体制的，要加强党委集体领导和党支部的建设，增加党组织的凝聚力和战斗力。二是要注重从优秀中青年，特别是优秀中青年科研人员中发展党员，壮大党的队伍。

在加强党的思想建设方面，当前一是要继续组织广大党员，尤其是党员领导干部学习好小平同志的南巡讲话、中央政治局会议精神和江泽民总书记在中央党校的重要讲话，提高全面贯彻执行党的"一个中心、两个基本点"的基本路线的自觉性，特别是要增强改革意识，使我们的思想和行动跟上改革开放的大潮。二是要针对改革开放中所出现的各种思想问题，做好耐心细致的疏导工作。改革，必然涉及利益的调整。不论是实行坐班制、聘任制还是调整学科、精简机构，都会触及部分人的利益，产生各种思想障碍。我们各级党组织要有针对性地做思想工作，尽可能化解阻力。这是我院改革能否深化的关键环节。在此，我要就坐班制问题多说几句话。实行坐班制，是建立良好科研秩序的必要环节。据我了解，国外的一些研究机构，如美国、日本、德国、法国、苏联等国家的科研人员，没有不坐班的。不坐班，松松垮垮，不利于开展科学研究、快出成果、多出人才。这项工作强调一年多了，有些单位的领导至今仍没有认真抓。这种状况，必须尽快改变。三是要在我们党内大力提倡和树立为科学献身的精神。发展有计划的商品经济，是实现现代化的必由之路。但我们也要看到，商品经济发展了，物质利益的地位在一部分同志的头脑中也提高了，不那么安心于科研工作了，从而对我院科研队伍的稳定形成了冲击。这也是现代化过程中出现的新矛盾、新问题。要解决这种新矛盾、新问题，我们一方面要通过深化改革以及通过开展咨询创收，逐步提高科研人员的生活待遇，缓解矛盾；另一方面，我们也不要忘记，"人是要有一点精神的"。在改革开放的新形势下，我们要把提倡和树立为繁荣我国的社会科学而献身的精神，作为我院党组织的一项经常性的思想教育内容。

最后，我还要重复一下，以上意见是我们在一定范围内讨论如何深化我院改革集中起来的几点意见，还没有经过院党委讨论，今天讲一讲，供同志们在酝酿本单位如何贯彻落实小平同志重要谈话精神时参考。过一个月的时间，我们将分别听取各单位的汇报或分片召开座谈会。希望各单位能拿出一份对我院改革的意见和本单位改革的初步方案来。

交流修志工作经验，提高志书编修水平

——在华北地区城市志协作会上的书面讲话

（1992 年 11 月 4 日）

保定是我青年时期读书的地方，也可以说是我离别了 30 多年的第二故乡。欣闻华北地区城市志协作会议在此举行，我感到非常高兴。由于在时间上与我的一项外事活动冲突，不能抽身前来，很是遗憾。现委托诸葛计同志带来书面发言一份，代我宣读，并代表我向大会、向同志们表示祝贺，祝贺华北地区编修地方志的工作取得了重要的成绩。今天各位专家、学者聚集一堂，讨论研究华北地区城市志协作工作，这对于交流修志工作经验，提高志书编修水平是很有意义的。我谨代表中国社会科学院衷心祝愿这次会议圆满完成任务。

与会的同志们大多是地方志工作的专家。我没有直接参加编修地方志的工作，在这方面的专门知识和工作经验都很少，可能讲不出什么新意。只谈几点意见，和大家一起讨论。

一　对编修新方志意义的认识

编修地方志是我国优良的历史文化传统，现存的历史旧方志有八九千种之多，是我国珍贵的文化遗产。新中国成立后，党和国家十分重视修志工作。毛泽东、周恩来等老一辈无产阶级革命家曾积极倡导修志。十一届三中全会之后，中央领导同志多次呼吁编修社会主义时期的新方志，中央书记处批准恢复建立地方志指导小组，中宣部、国务院先后发布修志文件，要求各地加强地方志工作的领导。去年，江泽民总书记责成中央办公厅负责同志听取地方志工作汇报；前不久，国务院又对《关于加强全国地方志工作领导的报告》作了批复。在党中央、国务院关怀下，编纂新方志的工作已经在全国范围内展开，并正在不断地发展。

编修社会主义时期的新方志，是一项有益当代、惠及子孙的事业，江泽民同志曾经指出：“编纂新方志是两个文明建设的组成部分，是社会主义文化建设的系统工程。”40多年来，我国经济建设取得了伟大成就，也有过失误，其中最重要的教训就是“对国情缺乏全面深刻的认识，对国力缺乏清醒的估计”。编修新方志，对自然、政治、经济、文化、风情、人物进行全面、系统、深入的调查研究，并将其记载下来，能为各级地方政府和社会各界提供可靠的地情，为经济建设、社会发展的决策提供科学的依据。这对于我国社会主义建设，具有重要的现实意义。

江泽民同志多次强调要加强国情教育，新编地方志是进行国情教育的好教材，它以大量的真实资料代替空洞说教，以生动的事例代替一般概念，能够深刻说明没有共产党就没有新中国，只有社会主义才能救中国的真理。现在已经有许多地区把新方志当作进行政治思想教育的乡土教材，效果十分显著。

编修新方志是一项基础性的文化建设。志书提供的大量资料，能为社会科学甚至某些自然科学的研究提供便利，还能满足多种文化事业的需求。目前志书尚未出齐，全国新方志的出版正在进入高峰期。随着时间的推移，新志书的价值将日益在社会上引起重视。现在我院的某些科研人员已开始注意对新志书的利用。有些省、市、县已经或准备建立方志馆，这是有远见卓识的表现。

新方志已经向海外发行。这对于加快对外开放、加深国际社会对我国的了解具有重要意义。目前许多国家的图书馆、汉学研究机构都很重视收集我国新方志，欧共体在确定向我国投资项目时，也要参考新方志。海外华人和港台同胞十分关注新方志的编修，他们有的积极提供资料，有的出资赞助，渴望读到家乡的新志书。由此可见，新方志对于加强中华民族的凝聚力，加速祖国的统一，具有无可替代的作用。

总之，编修新方志的作用是多方面的，它不但具有现实意义，具有近期的社会效益，而且必将产生深远的历史影响。

二　当前修志工作的一些情况

由于各级党政领导的重视关怀，由于方志工作者的艰苦奋斗，全国出现了可喜的修志局面。目前，修志工作已在全国范围全面展开，除个别地区外，绝大多数的省、市、县都成立了地方志编委会，一般都由当地政府的领导同志担任编委会主任。编委会的具体办事机构及其人员、经费、必要的工作条件基本具备，这为修志工作顺利进行提供了可靠的保证。

修志工作开展十多年来，培养造就了一支老中青结合的专业队伍。总人数已有约 10 万人，他们大多来自新闻、宣传、文教、政府等部门，在修志实践中增长了才干，具有一定的政治素养和文化水平，并熟悉当地的历史和现状，对修志工作基本胜任，最近几年又不断注入新生力量，既有大学本科毕业生，也有硕士、博士研究生，充实了修志骨干队伍。最为难能可贵的是，这支队伍有强烈的使命感，他们甘愿放弃个人利益，为修志事业献身。山西省交城县燕居谦式的人物不断涌现。这支队伍是修志事业的脊梁，没有他们便一事无成。

经过艰苦创业，辛勤劳动，终于迎来了修志工作的收获期。截至 1991 年年底，已有 600 余部新志书问世，其质量大都符合《新编地方志工作暂行规定》的要求，有一些志书质量较高，获得了各种奖励和荣誉。大多数地区的志书正处在总纂、审订过程中，大面积的丰收已成定局。此外，各地修志机构在编写志书的同时，还编辑出版了年鉴、概览、地情等一大批阶段性成果。河北省的情况与全国大致相同。据我所知，目前已出版两部省志分志、12 部县志，有些志书（如《武安县志》）得到了社会的好评。

方志理论也有长足的发展，全国方志刊物有几十种，发表了数以千计的学术论文，另有数以十计的方志专著问世。

方志事业的上述成就可喜可贺，令人鼓舞。

由于修志是一项新工作，目前也存在若干问题，如缺乏经验，理论落后于实践，志书质量仍有待于进一步提高，工作发展不平衡，少数地区条件较差，领导体制不顺，等等。这些问题应当予以重视，并尽力解决。

三　注意提高质量，不断开拓前进

提高志书质量，是当前修志工作应当引起重视的首要问题。地方志工作的意义和作用如何，关键在于志书的质量。胡乔木同志反复强调要保证志书质量，其道理也在于此。近几年来，中国地方志指导小组就是着重抓提高志书质量。最近召开的第九次会议，针对当前状况提出若干意见，如加强资料工作，坚持实事求是，提高科学性、整体性，精练文字，杜绝差错等。这些意见很重要，对提高志书质量有指导意义。除此之外，我想再补充如下意见：

首先，要加强对地情的研究。地方志是地情书，只有在占有大量资料的基础上，通过调查考证，分析对比，对地情有全面、准确而又深刻的认识，才能写成翔实可靠、特点鲜明的志书。这次会议重点讨论城市志的问题。城市与省、县相比，具有政治、经济、文化高度集中，发展变化异常迅速，同外部联系十分紧密等特点。这还只是就一般的城市而论，我国城市有多种类型，具体某个城市的特点究竟如何，要对当地地情进行研究，要做具体分析。否则，很难写出高质量的志书。

其次，要不断提高修志队伍的素质。编纂地方志是一项学术性的工作，志书质量取决于执笔者的政治思想水平和文化素养。修志人员要努力学习政治理论、党的方针政策、自然科学和社会科学知识以及方志理论，要培养调查分析、学术研究的能力，要培养严谨的学风，要提高汉语水平和写作能力。这是保证志书质量的关键。在努力提高队伍素质的同时，还应当借助社会力量，请学者、专家参与修志工作，提供资料，研究考

证，纂写志稿，审订把关等。城市志的编写更具备这些方面的
有利条件，应很好加以利用。

再次，要解放思想，开拓创新。修志工作开展十多年，成
绩很大，但无论是新方志理论还是修志工作实践，都还不成
熟，仍应大胆探索，勇于创新。旧志传统的精华应该继承，先
行者的经验也应学习，但毕竟时代不同，新方志和旧方志有本
质的区别，地区情况也不同，不能机械模仿。城市志的纂修更
是如此。特别是今年年初邓小平同志南巡时的重要谈话，江泽
民同志在党的十四大所作的重要报告，对我们解放思想，转变
观念，进一步做好修志工作具有重要的指导意义。遵照谈话和
党的十四大精神，不但在志书编纂上要有新的作为，使志书质
量有所提高，而且整个方志工作要开拓前进，以适应深化改
革、扩大开放的新形势，积极主动地服务于社会主义经济建设
和文化建设。各地应当根据自己的实际情况，开创多种为现实
服务的途径，开创方志工作的新局面。

我希望同志们再接再厉，为全面完成本届修志任务而努力
奋斗。

祝会议圆满成功。

（原载《中国地方志》1992 年第 6 期）

在"郭沫若展"开幕式上的致词

（1992 年 11 月 7 日）

尊敬的樱内义雄先生：

尊敬的古井喜实先生：

尊敬的各位朋友：

今年是中日邦交正常化 20 周年。再过 9 天，即 11 月 16 日，便是中国现代史上一位伟大的文学家、科学家、一位中日友好的先驱者郭沫若诞生 100 周年纪念日了。历史上很少有人像他这样，在诗歌、戏剧、文艺理论、历史、考古、古文字、翻译、书法等如此广阔的领域里，都取得具有开创意义的辉煌建树。

在中日邦交正常化 20 周年，郭先生诞辰 100 周年的时候，贵国东京日中友好会馆与我国中日友好协会、郭沫若纪念馆在日本共同举办"郭沫若展"，是一项具有深远影响的纪念活动。前几天，我们这个展览刚刚在富山县结束；一个月以后，还要去郭先生另一所母校——冈山六高所在的冈山市展出。通过在日本各地的展出，使更多的朋友了解，在近百年中日文化交流史上曾经有过这样一位才华横溢的中国文化名人，先后在日本生活了 20 年，对第二故乡的人民和山川草木充满深情，为繁

荣我们两国间的科学文化交流，建立友好睦邻关系作出毕生的
努力。中日两国关系对亚洲和世界和平都起着至关重要的作
用。中日两国文化的历史渊源有着特殊而密切的联系。1992 年
4 月份，我国江泽民总书记访问贵国；10 月下旬，贵国的天皇
陛下到中国访问，对进一步加深两国以友好睦邻关系具有重要
意义。世世代代友好下去是我们两国的学者、两国有远见的政
治家、实业家，也是每一位老人、每一位妇女，每一个儿童的
良好愿望。

　　20 年前，郭先生在庆祝中日复交时写过一首热情洋溢的
"沁园春"。我想引用其中的两句："喜雾霁云开，渠成水到，
秋高气爽，菊茂花香；公报飞传，邦交恢复，一片欢声响四
方。从今后，望言行见果，和睦万邦。"我希望，通过我们两
国各界朋友共同努力，中日两国文化交流的渠道更宽，水流更
畅。我们两国间关系将如郭先生所希望的那样，言行见果，和
睦万邦。

　　感谢提供了展品、资料和各种协助的朋友们！

　　感谢日本外务省、文化厅、朝日新闻社、日中友协、日中
协会、日中文化交流协会、日中经济协会、日中友好议员联
盟、日本国际贸易促进会、东京华侨总会所给予的后援！

　　谢谢各位！

高质量完成新方志编纂任务

——在中国地方志指导小组二届一次会议上的讲话

（1995 年 8 月 17 日）

同志们：

中国地方志指导小组第二届第一次会议，经过三天热烈讨论，今天将圆满结束。这次会议，是在我国社会主义建设新时期新编地方志工作的关键时刻召开的。李铁映同志出任中国地方志指导小组组长，进一步体现了党中央、国务院对地方志工作的关心和重视。李铁映同志在会上发表了两次重要讲话，对当前地方志工作的形势和任务以及如何进一步推进地方志事业发展的许多重大问题作了明确的指示。王忍之同志、王刚同志对有关的问题也作了重要讲话。指导小组诸位成员都发表了很多精彩、宝贵的意见。会议开得紧凑、扎实，发言热烈，解决问题，是一次高效率的会议。这次会议将会受到全国方志界同人和社会各界的广泛关注，对我国地方志事业的发展定会产生深远的影响，揭开我国地方志工作新的篇章。现在，我想就如何贯彻李铁映同志讲话和会议精神谈几点看法，请同志们指正。

一 进一步提高认识，加强
对地方志工作的领导

李铁映同志的讲话强调指出："要做好地方志工作，关键在于各级党委和政府对修志工作给予足够的重视。"他引述江泽民总书记在上海的讲话："编纂社会主义新方志是两个文明建设的组成部分，是社会主义文化建设的系统工程，是承上启下，继往开来，服务当代，有益后世的千秋大业。""修志工作是一项不容易引起重视的重要工作。各级领导要把修志工作当作一项重要的事业来抓，并切实抓好。"李铁映同志要求各地切实落实好江泽民同志的这一指示。

李铁映同志引述江泽民同志的这两段讲话，高度概括地阐明了新编地方志工作巨大的现实意义和历史意义，准确地说明了地方志工作的重要地位，应该成为指导我们工作的重要依据。需要指出，重视地方志和关心地方志工作，是我们党和国家领导人一贯的传统。李铁映同志和王刚同志在讲话中都谈到了毛泽东同志、周恩来同志以及其他老一代中央领导人是如何重视地方志和倡导编修新方志的。以江泽民同志为核心的党和国家第三代领导人，对编修新方志更是关怀备至，竭力倡导。我国新编地方志工作所以能取得今天这样的进展，是同党和国家领导同志的亲切关怀和大力支持分不开的。

应当肯定，我国大多数地方党委和政府，特别是省、自治区、直辖市一级的领导，对地方志工作是重视的。我曾读过一些省、自治区、直辖市的材料，深感这些地方的领导对地方志工作的意义有深刻的了解，确实把地方志工作放在自己的议事日程上，当成自己工作的一个重要方面，采取有力的措施，推动地方志工作的开展。许多领导同志的讲话，内容丰富，水平很高，是本届修志工作中的宝贵文献。例如，湖北省最近召开地方志编委会主任会议，省委书记、省地方志编委会主任贾志杰主持会议，省长蒋祝平、省地方志编委会各副主任以及省委办公厅、省政府办公厅、省委组织部、省计委、省财政厅、省编委、省新闻出版局和省志办负责同志都参加会议，听取省地方志办公室的工作汇报。贾志杰同志和蒋祝平同志都作了重要讲话。会议研究并落实了完成本届志书编修任务和编辑出版地方综合年鉴、编纂地情系列丛书、作好续修1980年至2000年省、市（州）、县三级志书的准备、筹建湖北方志馆以及加强方志研究和地情研究等项工作任务，提出了全省各级政府要有一名领导分管地方志工作，要稳定地方志机构和队伍，加强修志队伍建设，保证修志经费和三级志书出版经费，改善修志工作条件，帮助修志人员解决实际困难，使他们专心致志地投入工作等重要措施。四川、吉林和许多地方的领导也都有类似的做法。这说明，我们的一些省、自治区、直辖市的领导确实具有高瞻远瞩的战略眼光，确实具有对地方负责、对历史负责、对人民负责的革命精神和科学态度，确实把地方志工作看作是推动当地两个文明建设不可少的工作，这是地方志工作兴旺发达的可靠保证。

但是，现在有些地方，特别是市、县一级的修志工作确实存在不少问题，如果不注意解决，很可能使修志工作遭受损失甚至挫折。产生这些问题的原因是多方面的。现在不少地方任务繁重，困难甚多，是不应该让当地领导把修志工作和直接关系国计民生的紧迫任务摆在一个水平线上。但是，我们希望各地领导能够分出适当精力，研究和解决一下当地修志工作的问题。我觉得，修志工作当然是当地一项对今后有长远利益的基本建设，但是，对当前的工作也不是不可以发挥它所独具的甚至是其他部门起不到的作用。现在各地都在进行热火朝天的社会主义经济建设，如何发挥当地优势，如何招商引资，是一个大问题。地方志机构由于掌握了极其丰富、准确的经过整理的资料和信息，可以在这方面做很多工作。不少地方依靠地方志做文章，用有说服力的材料介绍和宣传当地各方面的优势，提供了大量与各方面人士建立联系的渠道，在招商引资、开发当地资源方面取得了显著成效，使当地领导尝到了甜头，更加主动地抓地方志工作。在开展爱国主义和社会主义教育方面，各地也有许多生动事例。福州市编纂出版的《城建志》系统地反映了新中国成立以来、特别是改革开放以来福州市的巨大变化，有一位港商看到后很受感动，认为是一部激发人们爱国热情的必读教材，他主动出资购买500部，赠送给全市的中小学校。这件事使当地领导也很受启发。这些地方的经验值得注意。因此，我们应当按江泽民同志的指示，把这项不容易引起重视的重要工作，切实抓好。

我觉得还应当强调的是，各地的地方志工作者不能坐等领导的重视。而要积极主动地向当地领导请示、汇报。更重要的是，要用自己的工作、自己工作对当地各方面的实际作用，来争取领导的重视和信任。这方面的潜力是很大的。有些省、自治区、直辖市编委会提出，"有作为才会有地位"，这是很有道理的。我想，一个是领导主动关怀地方志工作，一个是地方志工作者积极争取领导，这两方面工作都做到了，加强对地方志的领导这一条就可以得到落实。

二　要善始善终地完成本届修志任务

本届修志从 20 世纪 80 年代初开始，至今已十多年。1986 年全国地方志第一次工作会议提出，到 20 世纪末或稍长一点时间，在全国大部分地区完成省、市、县三级志书的编纂任务。现在离 20 世纪末还有五年时间，原计划出版省、市、县志书约 6000 部，现已出版 2000 多部，还有 1000 余部已经编好，准备出版。剩下的编纂出版任务还相当艰巨。主要是有些省级志书，由于种种原因，工作滞后，必须采取切实措施，迅速改变局面，力争把工作赶上去。现在有些省、自治区、直辖市专门研究了本地区修志的情况，采取了具体措施，加强了编纂出版工作。如上海市委、市政府专门研究了上海市志的编纂情况，决定首先在三年内完成 600 万字的《上海通志》，经费到位，编纂任务到单位和个人，许多高等院校的教授、专家承担了编纂任务，对专志也做了具体安排。这是很令人高兴的。

完成修志任务，不仅仅是要在进度上完成，更重要的是要确保志书的质量。不能因为赶进度而忽视质量。现在不少志书正处在总纂定稿阶段，必须树立明确的质量意识，严格把好质量关。后出版的志书，应在吸取前人经验的基础上，力争后来居上，在志书质量上更上一层楼，使我们的志书不但合格，而且质优，争取出现更多的志书佳作。

志书的质量是一个全面的整体观念。主要是指内容的思想性和科学性，要求观点正确、资料翔实、内容真实可靠。同时，在编纂方法方面也要讲究，应该是体例完备严谨，结构科学合理，文字记述简洁通畅。总之，在志书的编纂和出版各个环节上，都要保证志书的质量。

当然，我们一切工作都要从实际出发，实事求是。对质量的要求必须严格，要取法乎上。限于力量，实在达不到较高的标准，至少也要达到基本合格，即内容比较翔实，材料真实可靠，体例大体恰当，没有政治上、科学上的差错。实在不合格的不要勉强，滥竽充数。绝不可出不合格的志书。对不合格的志稿，要采取措施，加强编纂力量，帮助提高质量。在这种情况下，放长一些时间是可以理解的。在印刷装帧上，有条件的地方可以力求精良大方；有的地方经费困难，只要志书内容符合要求，不一定非出精装本、豪华本不可，如胡乔木同志说过的那样，出平装本，甚至出一些油印本供领导和各界使用，待有条件时再出铅印本，也是完成了任务。在这方面不能互相攀比。

三　要保证修志事业的连续性，保持修志机构和队伍的稳定

李铁映同志指出，地方志工作是一项需要长期延续进行的地方基础性学术文化事业，不是一项临时任务。如果一届志书完成，修志机构就宣告解散，隔几年又重起炉灶，那将造成人力、财力的浪费，甚至会出现资料的散失和断档，给今后的修志工作造成不可挽救的损失。因此，必须保持各级修志机构和修志队伍的稳定性。在当前各地进行机构改革时，要认真考虑修志工作的这一要求，做出妥善的安排和长远的规划。李铁映同志的这一指示，既考虑了历史上修志的经验，又考虑了当代

的修志经验。希望各地领导认真注意，切实做好稳定机构、稳定队伍的安排。

要做到稳定机构、稳定队伍，就必须努力使修志工作走上法制化、制度化的轨道。1985 年中国地方志指导小组颁布的《新编地方志工作暂行规定》，对指导本届修志工作曾经起了积极的作用。经过十多年修志实践，现在看来，这个暂行规定已不能适应今天修志工作的形势，需要根据这十几年修志的实际经验加以修订，形成新的工作条例，报请国务院审批，使之具有必要的权威性，推动修志工作法制化或条例化。前几年，曾组织部分方志工作者在暂行规定的基础上，起草了一个《中华人民共和国地方志工作条例》草案。现在看，这个草案的某些内容不一定准确合适，我们把这个草案印发给大家，目的是提供给同志们参考，研究如何把新编地方志工作条例制订好。会后我们将组织力量把这件工作做好，提交全国地方志第二次工作会议讨论通过后，报送国务院审批。

地方志工作作为一项长期延续的事业，绝不是一届志书编成之后就完事大吉，必须明确继续修志的任务。如李铁映同志讲话指出的，上一届志书完成之日，便是下一届修志开始之时。在本届志书编成出版之后，要继续搜集、整理和积累地情资料，为下届续修志书做准备。还要根据客观形势需要，不断拓宽方志工作的新领域。地方志工作既要重视长远的社会效益，也应考虑当前更好地为当地两个文明建设服务。各级修志机构以编纂志书为主要任务，同时也要在地情研究、资料逐年搜集整理、编纂出版地方综合年鉴、整理研究旧志以及开展地情教育、爱国主义教育等方面，充分发挥自己的优势。在这些方面，各级修志机构都是可以大有作为的。关键在于，要开动脑筋，解放思想，更新观念，开阔视野，根据地区特点，找出发展自己的最佳途径。通过自己的实际工作，使各级政府真正认识到地方志工作确实是不可缺少的，这样才能更好地解决地方志机构和队伍的持久稳定问题。

四　要提高地方志专业队伍的素质，加强修志人员的培训

我们这届修志，已经形成一支人数可观的修志队伍。这支队伍一向以"艰苦、辛苦、清苦"为荣。广大方志工作者的敬业精神、奉献精神，甚至殉职于工作岗位上的感人事迹不胜枚举。我们应当对他们作出的贡献予以充分的肯定。但同时也必须看到，我们这支队伍来自四面八方，基本上是边干边学，缺乏系统的训练，其理论素养和业务素养参差不齐，总体而论，与新方志编纂工作的高标准要求是不相适应的。李铁映同志在讲话中强调了地方志编纂工作是一项学术性劳动，需要高级人才和专门人才。这就为地方志队伍建设指明了方向。明清时代的地方志虽然内容相当丰富，但所反映的毕竟是封建农业社会，和我国今天方志所要反映的社会主义现代化社会的复杂程度不能相比。如果说那时候的高水平志书需要有高水平的学问家作总纂，那么，对今天社会主义时期新地方志总纂的要求，较之不知要高出多少倍。一个较理想的地方志总纂，应当有较深厚的理论素养，能够了解和掌握地区发展的趋势和规律；应当有较渊博的学识，能够驾驭涉及的多学科资料；还应当有较强的组织才干，能够把各方面的专家组织起来，有条不紊地工作。这样的高水平人才很不容易找。我们只能从实际出发，从

现有干部队伍中精心挑选，在工作中锻炼培养，并且积极吸引
尽可能多的有较高造诣的专家、学者参加修志工作。目前已经
有不少专志的总纂是由相关专业的专家、学者承担的，但是这
方面工作做得还很不够，需要大力加强。至于广大的专职修志
队伍，更需要加强专业化，因为这支队伍需要有多学科知识的
培养和修志专业知识的训练。我们除了希望高等学校和研究机
构能够输送更多经过系统培养的具有较高专业水平的人才，不
断充实修志队伍外，还需要加强对现有队伍的再培训，不断提
高整个修志队伍的理论和业务水平。这项工作也需要各学科专
家学者的参加。在这次会议上，王忍之同志专门强调了这个问
题。许多同志也提出了很好的建议。我们将认真研究同志们的
意见，制订出有关的方案，组织实施。这方面的工作，还请小
组成员同志今后继续给予帮助。

五　要总结本届修志经验，加强方志
理论研究，开展新方志学科建设

新方志事业的发展，离不开新方志理论的指导。理论来源
于实践，又反过来指导实践。十几年来，我们积累了丰富的修
志实践经验；对方志理论问题的探讨，也做了大量工作，取得
了不小的成绩。但是，与客观形势发展的需要比起来，差距还
相当大。必须加强方志理论建设。应当看到，社会主义时期新
方志的编纂是一项开拓性、探索性的工作，应当提倡百家争
鸣。但有些问题也不宜长期争论不休，特别是涉及修志实际工
作中的一些重要的问题，应当根据实际经验，重新审视和研究
已发表的各种意见，努力形成共识，使之逐步走向规范化。巨

大的社会实践，应当推动人们认识上的巨大飞跃。目前我们正处在世纪之交，社会主义时期第一届新方志已经进入最后完成阶段，21世纪新地方志将向什么方向发展，这是我们应当回答的问题。我们要全面总结十几年来修志工作的基本经验，并在此基础上，探索社会主义条件下我国修志工作的规律性，努力建设起符合时代要求的科学的新方志理论，把新方志学科建设起来，使我国的方志事业真正建立在坚实可靠的科学基础之上，更好地迎接21世纪的新发展，为建设有中国特色的社会主义作出更大贡献。

这是一个非常艰巨的任务。不是少数人或短时间所能完成的，是需要组织各地方志理论工作者和各有关学科的专家学者共同努力才能完成的重任。但是，我认为，应当把这样一个奋斗目标树立起来。我很高兴王忍之同志在会议讲话中也肯定了这个意见。我国地方志有一两千年的悠久历史，在封建时代晚期还曾出现过那么出色的能够适应当时需要的完整方志理论。而在社会主义时代，地方志依然保持着长青不衰的旺盛的生命力，以更大规模、更新面貌在中国大地上不断推进。这里面肯定是有道理，有它的规律性的。新方志学应当是一门独立的学科。我们应当按照现代科学的要求，在马列主义、毛泽东思想和邓小平同志建设有中国特色社会主义理论的指导下，总结当代修志经验，吸取传统志论精华，引进相关学科理论，努力把符合时代要求、具有中国特色的科学的新方志学建设起来。我们想在这次会议之后，结合全国地方志第二次工作会议的准备工作，把方志理论建设工作进一步推动起来。希望在座小组成员同志多给予支持，积极参与这项工作。

六 做好地方志协会的换届工作，
充分发挥协会的作用

中国地方志协会，是指导小组领导下的一个全国性的群众性的地方志学术团体。它在团结全国方志队伍，开展方志学术交流活动，促进新方志编纂事业方面，发挥了积极的作用。现在的中国地方志协会理事会，是 1985 年 8 月在包头市召开的中国地方史志协会第三次年会上选举产生的，至今已整整十年。协会的名誉会长曾三、会长梁寒冰、秘书长左建都已先后去世，6 位副会长也大多去世，理事中有不少人已脱离方志队伍，所以组织很不健全，需要尽快调整和改选。通过中国地方志协会理事会的换届选举，健全协会组织，将会更好地发挥协会的作用。这是我们近期需要办理的一件重要工作。

七 做好召开第二次全国地方志
工作会议的准备工作

第一次全国地方志工作会议是 1986 年 12 月在北京召开的，迄今已将近十年。十年来，地方志工作取得了很大成绩，也发生了很大变化。面临着新的形势和新的任务，很需要召开全国地方志第二次工作会议。不久前李铁映同志指示我们，在这次指导小组会议以后，要全力做好准备工作，争取在年底举行第二次全国地方志工作会议。李铁映同志这个指示很重要、很及时。这次会议在我国新方志建设史上将是一次极为重要、有历史意义的会议。我们一定要把准备工作做好、做细。最重要的是，要高标准地把会议有关文件准备好。应当在邓小平同志建设有中国特色社会主义理论和党的基本路线的指导下，全面而深刻地总结十多年来全国修志的丰富实践经验，指出我国地方志工作发展的方向、道路、基本经验和要求，使地方志工作真正走上科学化、制度化和规范化的轨道，真正成为我国社会主义精神文明建设中不可缺少的、强有力的组成部分。前面提到的一些具体工作，有的是为召开第二次全国地方志工作会议创造条件，有的是要结合第二次全国地方志工作会议的准备工作进行，还有的本身就是第二次会议准备工作的一部分。这项准备工作只靠少数人是不够的，必须组织全国有丰富实践经验的地方志工作者积极参加，总结十几年来的实践经验，对一些重要问题开展比较充分的讨论。在此基础上，才能形成一些比较有分量的文件。现在这项工作已经开始布置下去，需要各位指导小组成员多提建议，给予指导。有些工作还请在座的同志积极参加，大力支持。

八　关于指导小组的任务和工作方法问题

关于中国地方志指导小组的性质和任务，1985 年国务院办公厅 33 号文件已作了明确规定。中国地方志指导小组是一个独立机构，由国务院委托中国社会科学院代管。中国地方志指导小组的任务，主要是从政策上、业务上指导各地修志，定期向中央和国务院反映情况，对修志中涉及的重大方针政策问题及时请示报告，并负责拟订编修新地方志和整理旧地方志的规划，制订新编地方志的工作条例，组织交流修志工作经验等。这就是说，中国地方志指导小组主要是从政策上、业务上指导全国修志工作，并不具体承担各省、自治区、直辖市的修志任务。它的工作是由国务院委托中国社会科学院代管。重大方针政策问题，还要及时向党中央、国务院反映和请示报告；日常工作和人事、后勤等方面，则由中国社科院全面主管。

现在指导小组有一个机关刊物《中国地方志》，它既是一个指导工作性的，也是一个学术性的刊物。要传达和介绍中央和各地领导对修志工作的指导性意见，反映全国修志的情况，交流各地修志经验，开展学术讨论，发表研究成果。这是全国新编地方志工作的窗口，也是指导小组的喉舌。为了加强对刊物的领导，我们最近决定，成立由专家、学者组成的编委会，负责对刊物方针任务的指导。我们希望指导小组成员同志关心这个刊物，经常提出指导意见，积极利用这个园地，发表有关地方志的文章。

指导小组在国家新闻出版署的大力支持下，不久前成立了自负盈亏的方志出版社。它的任务主要是为提高志书质量，推进志书出版工作，繁荣和发展地方志学术研究服务的。这是关系全国地方志事业的一件大事。出版社刚刚成立，白手起家，万事开头难，现在正在摸索走路。希望同志们和全国各地地方志工作者多加支持和扶助。出版社发展起来以后，应当更多地给各地以工作上的支持。这项工作也请同志们给予关心。

指导小组要开展工作，最基本的方法，就是调查研究。毛泽东同志有句名言："没有调查研究就没有发言权。"指导小组如果不进行调查研究，也就谈不上指导工作。今后，除了在指导小组办公室设立必要机构，加强调查研究，通过各种简报和材料，向中央领导和各位小组成员反映情况外，还要依靠我们小组的成员进行调查研究。我们小组的成员都联系着一条很广泛的战线，与各方面有着多种渠道的密切关系，可以提出和反映各方面的情况、意见和要求。指导小组办公室也要主动做好工作，加强与各位同志的联系，帮助各位同志了解各方面的情况。例如，邀请出席有关会议，听取汇报，参加讨论，送阅简报、文件和刊物等。指导小组办公室有一个资料室，保存有各地出版的志书和刊物。但由于缺乏空间（只有一小间房）和人力（只有一名工作人员），搜集的资料极不齐全。今后我们计划加强这方面的工作，希望能为同志们提供一些方便。我还在想，每一位指导小组成员，能否首先把自己家乡所在地出版的新志书或正在编纂的志稿找来认真阅读一下，可以从中发现一些问题，提出自己的意见和建议，这也是调查研究的一种方式。目前正在请指导小组办公室的同志做这方面的工作。

当前方志工作者和方志理论界有不少问题亟待解决，例如经济志、社会志、自然环境志、政区沿革志、军事志、民族志、宗教志、人物志如何编写？已出版的各类志书中存在什么问题？等等。在座的同志都是各方面的专家，希望各位就自己专业范围的志书做一番调查研究，存在什么问题，如何加以解决，提出宝贵意见和建议。军事志也是一项专业性很强的工作，过去许多省志的军事志正是由军区有关同志负责编写的，效果很好。我们衷心希望有关军事志的工作，继续得到各大军区研究机构的支持和参与。还有一些问题可能带有共性，是大家感兴趣的。例如，当前各级志书普遍存在一个篇幅过长的问题。一部县志动辄一二百万字，一部市志上千万字，一部省志几千万字。要想翻阅这样巨大部头的志书，真有点令人望而生畏。现在社会发展了，事情复杂，志书篇幅长一些，情有可原。但是是否要那么长，为什么篇幅过大的问题老解决不了？

如何取得解决？请同志们帮助研究，将来制订新地方志工作条例时，可以把同志们经过研究的意见吸收进去。还有许多这类的问题，请同志们就自己熟悉或感兴趣的方面，研究一下，提出意见。可以和我们的秘书长们或办公室的同志加强联系，以便更好地发挥同志们的力量。

原来，地方志指导小组下面曾经设立过旧志整理委员会、民族志指导组、城市志指导组，它们都做了不少有益的工作。有的因领导人病故，工作早已停止；有的迄今仍有活动。当然，限于当时条件，这些活动难免存在一些局限性，现在看来，已不太适应当前的新情况。我们想这些组织是否不再继续下去。但有关的问题还是应当有人来研究，并把这方面活动纳入整个指导小组工作范围之内。具体如何组织和运作，今后还要继续商量和研究。

有一个问题，请同志们考虑。这次小组成员中有七位同志是几个大地区的省、直辖市地方志编委会的负责同志或省、市的负责同志。我们考虑是否请这些省、市的同志牵头，与本大区各省、自治区的编委会负责人建立某些联系形式，定期交流或研究本地区修志工作的经验或共同的问题；在开会时，可以通知指导小组的工作同志参加。过去东北三省的同志曾经这样做过，效果很不错。是否今后可以把这种组织活动在各大区都普遍开展起来？

我想要谈的，主要是以上这些。是否妥当，请同志们批评。

同志们，这次有意义的重要会议就要结束了。但是，我们指导小组的工作却刚刚开始，任重而道远。地方志是一项大事业，但地方志指导小组却是一个小机构。小机构来指导大事业，困难可想而知。我们深知肩负责任的重大，要谦虚慎审，勤勤恳恳，扎实工作。我们机构虽小，但是我们可以依靠党中央、国务院的领导，依靠李铁映组长的主持，依靠中国社会科学院的具体领导，依靠在座各方面领导同志和有关专家学者的团结合作，依靠全国各省、自治区、直辖市地方志编委会和全国广大地方志工作者以及社会各界的支持来进行工作。因此，我们有信心把党中央、国务院交付的任务做好！有决心为建设这项"承上启下，继往开来，服务当代，有益后世的千秋大业"，作出自己应有的贡献！

（原载《中国地方志》1995 年第 5 期）

认真审议地方志工作条例

——在中国地方志指导小组二届二次会议上的讲话
（1995 年 12 月 23 日）

距离指导小组第一次会议四个多月之后，我们今天又举行第二次会议。

中国地方志指导小组第二届第一次会议，在全国方志工作者当中产生了极其热烈的反响。李铁映同志和王忍之同志、王刚同志的讲话，使广大方志工作者受到极大鼓舞。特别是李铁映同志作为中共中央政治局委员、国务委员兼任中国地方志指导小组组长，在第一次指导小组会上不仅发表了书面讲话，8月17日还亲自到会，听取了几位同志发言之后，又作了重要讲话。今年 11 月 14 日，《人民日报》全文发表了李铁映同志的讲话，受到广泛重视。因为这正是体现了党中央、国务院对地方志工作的关心和重视。在李铁映同志讲话中引述了江泽民同志的讲话，这就是："编纂社会主义新方志是两个文明建设的组成部分，是社会主义文化建设的系统工程，是承上启下，继往开来，服务当代，有益后世的千秋大业。"使全国方志工作者受到深刻教育。据我们了解，很多省一级地方志机构在收到指导小组发出的第一次指导小组会上几个重要讲话和会议纪要之后，以过去从未有过的最快速度向地方政府领导汇报，并以正式文件形式发至所辖各地、市、县，要求认真学习、贯彻。机构和队伍不稳的严峻形势，开始有所缓解，当然，这也仅仅是开始。

此外，第一次会议期间，李铁映同志讲话中指出，西藏应当修志。这段时间有两位小组成员积极推动西藏有关方面；最近西藏已专门派来两位同志和指导小组联系，就西藏如何开展修志工作交换了意见。现在西藏修志工作正在积极酝酿。上次会议还提出要重视军事志的问题，经过小组成员中军队同志的积极酝酿，最近中央军委已要求指导小组就此提出建议，我们也已将报告送中央军委。在第一次指导小组会上，同志们提出很多积极的意见和建议，其中有不少已经吸收到工作报告之中。总之，调整后的指导小组第一次会议，经过全体同志的努力，开成了一次很有成效的会议，成为对全国方志队伍产生积极影响、鼓舞人心的会议。

今天我们举行的指导小组第二次会议，主要任务是对代表中国地方志指导小组提交给第二次全国地方志工作会议的工作报告和地方志工作条例进行审议。关于工作报告和工作条例的起草，将由高德同志、贺巍同志分别说明。我这里只强调一点，就是工作报告和工作条例都是在广泛听取了全国方志工作者的意见的基础上形成的。第一次指导小组会后，尽可能利用一切机会征求各地同志的意见。先后在中国地方志协会秘书长会议上，在协会常务理事会上，专门安排时间征求意见，由五个省在江西召开的方志理论研讨会上，在广西北海举行的刊物主编会议上，还有在长春举办的书展期间，也都挤出时间听取意见。与此同时，我们还请各地提出书面意见。在工作报告提纲和工作条例修改稿形成时，又邀请了几位地方上的同志来北京参加讨论。经过广泛听取意见之后，我们比较全面地了解到全国广大方志工作者对第二次全国工作会议抱有极大的希望，对工作报告和工作条例提出了很高的要求。今天向同志们提交的工作报告和工作条例讨论稿，虽然有广泛听取意见为基础，也作出了努力，但是因为水平所限，对不少问题没有把握，尤其因为地方上的同志期望值太高，能不能通过这个工作报告和工作条例，使我们盼望已久的全国工作会议开成一个总结过去、展望未来、明确任务、鼓舞士气、迎接 21 世纪方志事业新发展的大会，关键在于我们这次指导小组会的认真审议，我们希望把工作报告和工作条例尽可能根据全体指导小组成员的意见修改好。

地方志指导小组的第一次会议，树立了一个好的会风，这就是全体指导小组成员都意识到我们肩负的重任，指导小组要负责从政策上、业务上对全国地方志工作进行指导。每一位小组成员都关心我国的地方志事业，都能知无不言，言无不尽。所以第一次会议开成了一次团结、务实、高效率的会议。我们这次会议，一定能继续发扬这一好的风气。我们希望工作报告和工作条例能成为一个有较高水平、又能切实解决当前面临的主要问题的文件，使得即将召开的第二次全国工作会议能在 20 世纪最后五年这样一个关键时期，为我国方志事业跨入 21 世纪，奠定一个较好的基础。基于这样的认识，我们深切感到，能不能使工作报告和条例基本上符合要求，直接关系全国工作会议的成败，也直接影响今后我国地方志事业的发展。为此，我们衷心希望全体同志认真审议，从我国地方志工作的全局予以审议，从我国方志事业今后长期继续发展的前景予以审议，积极提出修改意见。让我们再一次开成一个团结、务实、高效率的会议，不辜负全国广大方志工作者的厚望，不辜负党中央、国务院领导同志对我们的重托。

（原载《中国地方志》1996 年第 1 期）

加强领导，开拓进取，
把地方志事业推向发展新阶段

——在第二次全国地方志工作会议上的工作报告
（1996 年 5 月 4 日）

  盼望已久的全国地方志第二次工作会议，在党中央、国务院亲切关怀下，今天正式开幕！这次会议是在我国地方志事业发展的重要时刻召开的。会议的主题是，在邓小平同志建设有中国特色社会主义理论和党的基本路线的指引下，贯彻党的十四届五中全会和八届人大四次会议精神，总结十五年来地方志工作的经验，认清形势，明确方向，研究和部署如何加强领导，高质量地完成社会主义时期第一届新方志的编纂任务，为迎接 21 世纪地方志事业的新发展做好准备。

  在我国社会主义时期，新方志开创史上具有重要意义的第一次全国地方志工作会议，是在 1986 年举行的，距今已十个年头。今天我们集会，很自然地要想起那些为本届修志作出过重大贡献，而现在已经离开我们的胡乔木、曾三、梁寒冰以及其他一些同志。他们为建设我国地方志事业所表现的勇于开拓的创业精神和求真求实的科学精神，是永远值得我们缅怀和学习的！

现在，我代表中国地方志指导小组，就有关问题，讲几点意见。

一　十五年来地方志工作的基本状况

编修地方志是中国独具的优良传统，在世界上有着重要的文化、学术地位。新中国成立后，早在 20 世纪 50 年代就曾着手开展新编地方志工作。由于种种原因，刚起步就中途停止。80 年代进入社会主义建设新时期，重新开展全国性的修志工作。这既是我国优良传统的继承和发展，又是在现实政治、经济、社会、军事、科技、文化等方面迅速发展的推动下，适应时代的客观需要而开展起来的。

党和国家领导人十分关怀和支持新编地方志工作。毛泽东等老一辈无产阶级革命家在民主革命时期就重视使用地方志，把搜集、研究地方志当成了解和研究中国国情的重要途径。新中国成立后，1958 年，毛泽东同志便提出各地要编修地方志的倡议，周恩来同志还亲自过问地方志小组的建设问题。进入社会主义建设新时期，邓小平同志强调，"摸清、摸准我们的国情"对社会主义现代化建设具有重大意义，为新时期地方志工作指明了方向。1987 年，江泽民同志在上海地方志编委会成立大会上全面说明了新编地方志工作的意义和要求，明确指出："编纂社会主义新方志是两个文明建设的组成部分，是社会主义文化建设的系统工程，是承上启下，继往开来，服务当代，有益后世的千秋大业。""修志工作是一项不容易引起重视的重要工作。各级领导要把修志工作当作一项重要事业来抓，并切实抓好。"江泽民同志意义深远的讲话，在方志界引起了强烈反响，成为指导我国地方志工作继续前进的重要依据。

正是在党中央、国务院的亲切关怀和各地党委、政府的领导、主持下，经过广大地方志工作者的艰苦努力，新编地方志工作取得了突破性的进展。在我国历史上第一次在全国范围开展了以马克思主义理论和方法为指导的修志活动，开拓了社会主义时期新方志的宽广道路，一大批反映当前我们这个伟大时代的地方志已经展现在全国人民面前，并开始发挥积极作用。

——我国31个省、自治区、直辖市，除台湾省尚待统一，西藏自治区正在筹建修志机构外，其余已全部建立了省级地方志编纂委员会。绝大多数市（含地、州、盟）、县（含市、区、旗）也都建立了修志机构。多数已纳入各级政府工作序列，成为地方政府的一级机构。国务院所属的一些部委，也设有修志机构，具体领导本系统有关单位的修志工作。自上而下的修志机构的普遍建立，在我国历史上是空前的，为全面、持续开展新编地方志工作奠定了组织基础。

——培养了一支十余万人的专职、兼职修志队伍。各省级志书的专业志，多数由各有关部门的专家、学者对口承担。专职修志人员多数来自教育、宣传、新闻出版系统的业务人员和党委、政府部门从事调研工作的干部。经过多年修志实践的锻炼和多种方式的培训，专业水平明显提高，不少人已成为熟悉本地情况和富有修志经验的专家和方志理论工作者。目前专职修志人员22000人中，获得高级职称的有2000余人（正高职称200余人），获得中级职称的有7000余人。较普遍地形成了能够坚持从实际出发、深入调查研究的求实学风和埋头苦干、无私奉献的敬业精神，不少人把毕生精力贡献给修志事业，出现了一批像山西燕居谦那样的先进人物。

——各地修志工作已获得重大成果。本届地方志编纂任务被列入国家"七五"计划社会科学部分，预计编纂省、市、县三级志书共约6000部。到1995年6月底，已出版2183部，加上已定稿正准备出版的，约3400余部。这确实是过去任何一个时代都未曾有过的。许多历史上从未修过志书的地区，特别是少数民族地区，现在破天荒有了自己的志书。这是我国当代科学领域的重大成果群，着重反映了近百年来各地区的历史和现状，特别是1949年以来各方面的发展变化，可以说是我国地情、国情的忠实记录。新编地方志具有鲜明的科学性和时代性，为旧方志无法相比。已经出现了一批质量较好的志书，例如1993年全国地方志优秀成果评奖中获奖的一些志书。近两年来有些省志如《黑龙江省志》《吉林省志》《山东省志》《河南省志》《湖南省志》《四川省志》《贵州省志》《甘肃省志》等的多数卷已经出版或定稿，多卷本的市志如《上海市志》系列丛刊、《天津市志》《沈阳市志》《长春市志》《广州市志》《武汉市志》《成都市志》等，也在陆续出版。总的说来，质量逐步提高，有后来居上之势。有些志书，如江苏《苏州市志》《镇江市志》，浙江《宁波市志》《东阳市志》等，因其编纂较有特色，受人注目。

——积累了大量地情资料。15年来，各地结合修志工作，进行了规模空前的全国性的全面系统的地情调查，搜集了数百亿字的各种地情资料，抢救了许多珍贵资料，这是可供长期开发利用的地情信息宝库，具有不可估量的价值。许多地方还进行了旧志整理的工作，编辑出版了500余种地方综合年鉴和数以万计的各类地情系列丛书和著作，开展了多方面的文献整理、资料储存活动。

　　——进行了较广泛深入的新方志理论探讨。方志理论工作者不但对传统方志理论进行了认真的研究，批判地继承其中有价值的部分，而且结合总结本届修志实际经验，从事新的探索，拓展了理论研究的领域，发表了大量学术论文，出版了不少专著，推动了修志工作。

　　——开展了多方面的用志活动。各地修志机构积极组织地情研究，向各级领导和社会各界提供咨询服务，积极进行各种地情宣传教育工作。新编地方志是新中国成立以来规模最大、内容最翔实的地情、国情载体。它大大推进了我们对地情、国情的认识，也在帮助世界认识中国。它对各地两个文明建设有着明显的积极作用。特别在为制订规划、基本建设、资料开发、招商引资、防灾减害等提供咨询方面，产生了巨大效益。在向广大群众进行爱国主义、集体主义、社会主义教育，帮助港澳台同胞和海外侨胞了解家乡变化，加深同家乡的联系等方面，也有很多动人事例。新编地方志不仅有现实的价值，而且有长久的历史价值，确实符合我国改革开放和社会主义现代化建设的需要。

　　在充分肯定成绩的同时，也应当看到我们工作中还存在一些困难和问题，我们的工作和国家、社会的高标准要求相比，还有一些差距。第一届修志规划任务目前只完成了一半左右，还有相当数量的志书必须力争在今后五年中完成，其中省级志书 1439 部；市级志书 738 部；县级志书 520 部。有些省、市要实现原定计划，难度较大。已出版的志书质量参差不齐，很不平衡。虽然有了一批较好的成果，但是很多志书实际处于中等水平，有少数志书在资料考辨、体例设计、篇目结构、记述内容以及其他方面，还存在程度不等的问题。提高志书质量仍是当前一项严肃的任务。同时，在机构改革、向社会主义市场经济体制转轨的过程中，也存在一些机构不稳、人员涣散的情况，个别地区修志机构被撤销。修志队伍的素质虽有提高，但仍不能完全适应客观形势发展的需要。

在我们工作中出现一些困难和问题，是可以理解的。在如此广阔的范围内编修新方志，对我们大家来说，是一件崭新的工作，缺乏实践经验，理论准备也不足，在不断探索前进中，难免出现这样那样的困难和问题。然而，这是前进中的问题。只要我们认真贯彻中央指示精神，坚持科学态度，正视问题，加强领导，依靠群众，在实践中不断总结经验，提高认识，这些困难和问题，是可以逐步解决的。

二　十五年来的主要经验

在这次规模空前的修志实践中，广大地方志工作者创造了丰富的经验，这是一笔非常宝贵的财富，应当认真总结，使我们的认识更加符合客观规律，提高自觉性，减少盲目性，使今后的工作达到新的更高的水平。这要依靠全体地方志工作者的共同努力。这里就工作中一些主要问题，谈一些看法。

（一）对新编地方志工作要有一个明确的、全面的认识。编修新方志不是一般的著述工作，而是为我国社会主义现代化建设服务的基础性工作，即全面了解和反映地区发展基本情况的学术文化工程，应当把它当成各地两个文明建设中一项不可缺少的重要事业来进行。

我们对新编地方志工作的这种认识，是在工作的开展中逐步明确起来的。现在，可以清楚地看出，今天的修志与旧时代的修志，虽然在历史渊源上有继承关系，实际上是有很大区别的，两者所处时代完全不同，指导思想和工作要求也截然不同。封建时代的旧方志，说到底，是为维护封建制度服务的。新编地方志彻底突破了旧方志的阶级局限性和时代局限性，是为正在奋勇建设有中国特色社会主义的亿万人民服务的，有着科学地全面反映地区自然和社会发展变化的广阔视野，在历史上第一次真正成为广大人民认识和研究自己地区的过去和现在，提高思想认识、指导自己行动的有力工具。新编地方志工作不是仅仅编几部书的临时任务或单纯著述任务，而是适应我国社会主义建设中各地区、各民族迅速发展变化的客观需要，把志书一届接一届持续修下去的长期任务。同时，围绕修志，还要持续不断开展地情调查研究、咨询服务、宣传教育以及编纂地方年鉴和各类地情丛书等多方面的活动。它范围广阔，内容丰富，功能多样，效益持久，是一项关系国计民生的大事。正如江泽民同志指出的那样，"不是一件可有可无的工作"，而是一项"服务当代，有益后世"，"意义重大的事业"。

事实说明，各级领导能否把地方志工作当成这样一种重大事业来抓，对新编地方志工作的开展，至关重要。我们应当像江泽民同志指示的那样，具有高瞻远瞩的战略眼光，把地方志工作摆在适当的位置上，使之持久顺利发展。

（二）做好新编地方志工作的关键，在于各级党委和政府的坚强领导，这是由地方志工作性质本身决定的。新编地方志内容广泛，涉及政府各部门和各行各业、各条战线，必须有一个强有力的行政权威，即各级政府来主持，才能推动各方面修志工作的开展。

在多年的修志实践中，各地形成了"党委领导、政府主持"的修志格局，这是完全符合中国国情的，应当继续坚持和加强这种领导体制。各级党委、政府要明确一位领导同志分工主管地方志工作，把它纳入政府议事日程和工作规划，经常注意加强组织领导和思想领导。要着重抓好以下几个环节：1. 认真研究和贯彻新编地方志的指导思想、方针、政策，制订规划，部署、检查和总结工作；2. 遴选德才兼备、业务水平较高、组织能力较强的干部担任主编、总纂，加强修志队伍建设；3. 按照专业特点进行领导，坚持尊重科学、尊重客观实际；4. 切实改善修志工作者的工作条件和生活条件，合理解决其职称、待遇等问题；5. 组织好志稿的审查验收工作，把好政治质量和学术质量关。在这些方面，许多省、市领导创造了不少好的经验，值得我们学习和推广。

（三）确保高质量，坚持质量第一，是编修新方志的头等要务。所谓高质量，首先是指志书的科学质量，表现在志书观点正确，资料丰富准确，体例结构完备合理，充分反映地区特色，内容充实深刻，文字精练通畅等方面；其次要求志书真实、全面、系统、深刻地反映地区自然、人文、社会的完整面貌和发展演变轨迹。

新编地方志是科学的地情著述，它的价值在于可以提供丰富可靠的地情资料。要编纂好这一科学的地情资料性著述，必须有科学的世界观和方法论，即辩证唯物论和历史唯物论作指导。要认真学习和掌握马列主义、毛泽东思想和邓小平同志建设有中国特色社会主义理论，学习和掌握党的路线、方针、政策，并将其全面准确地运用到修志实践中去，真正了解我国社会和地区发展的脉络、趋向和规律，认识地区各方面的联系和特点，并使之在志书中得到科学的反映。

志书的科学性要求志书内容真实客观。地方志工作者必须坚持实事求是的思想路线，一切从实际出发，求真求实，把志书的真实性当作志书的生命线。首先要使志书记述的事实材料真实、准确，努力消除这方面可能出现的任何差错和失误。对于地区发展深层次的情况和问题，也要努力做出客观的符合实际的反映，实事求是地记述工作中的成绩与问题、成功与失误、经验与教训。编修好新方志需要有做学问的功夫。应当把编修新方志当成一项严肃的科学工作。在整个编修过程中，包括资料的搜集、鉴别，体例篇目的设计、确定，章节内容的撰写、审定以及全部志稿的总纂、验收，等等，都要以严格的、科学的态度和方法来进行，使志书内容符合科学要求和地区发展实际，能够经得起历史的检验。

现代社会是有复杂分工的专业化的多领域综合体，每一领域都有专门的学问。要在志书中科学地反映现代社会，必须掌握有关学科的科学理论和知识。现在各门科学发展迅速，日新月异，一个人尽其毕生精力也不可能掌握那么多的学问。作为称职的地方志工作者，特别是领导人，必须努力扩大自己的知识面，熟悉有关业务，更重要的是，要善于吸收各方面的专家、学者参与工作，依靠他们的协作，使新编地方志具有较高的科学水平。在这方面，我们有不少省、市专业志的成功经验可以借鉴。

（四）要为地方志工作提供切实可靠的组织保证和物质保证，这是开展修志工作的基本条件。必须建立稳定而有力的修志机构。各级修志机构应当具有组织有关单位和部门开展修志工作的行政职能，同时具有主持志书编纂的业务职能。应根据这一客观需要，明确其相应的行政地位和领导关系，健全领导班子，确定编制和经费，以保证编修工作的顺利开展。目前，多数省、市、县三级修志机构是当地政府直属一级机构，效果较好，应当肯定这一体制。

必须建设好一支政治、业务都过硬的专业化队伍。没有一支高水平的专业队伍，不可能编纂出真正高水平的新志书。这支队伍的数量不必庞大，但一定要精干，要有多学科知识和修志专业知识的培训。要坚持在修志实践中，加强对各级专业干部，特别是中青年干部的再培训。要实行专职队伍和兼职队伍相结合的方针，广泛吸收各行业有较高造诣的专家、学者参加修志工作。

（五）要在开展修志工作的同时，加强新方志理论建设。把新方志理论建设和修志实践紧密结合，互相促进，是本届修志的一个重要经验。没有修志经验的不断总结和新方志理论的深入探索，就不可能出现今天这种全国修志的局面，也不可能使志书质量得到普遍而持续的提高。编纂地方志是一种学术性劳动，要当作一门学问来建设，建立起一整套的新方志理论。要立足于中国社会主义现代化建设的实际，立足于我国新方志建设的实际，全面总结新中国成立以来，特别是80年代以来修志的丰富经验，探索社会主义条件下我国修志工作的规律，建设符合时代要求的新方志理论和新方志学。要批判地继承传统方志理论的精华，深入发掘传统志论中有价值的思想和可资借鉴的经验；还要积极引进相关学科的科学理论和方法，并使之融合到新方志理论中去。

三　今后五年的主要任务

未来五年，我国将实现第九个五年计划，全面完成现代化建设的第二步战略部署，这是我国建设发展承前启后、继往开来的重要时期。地方志事业也将进入它的重要发展阶段，要求在这期间基本完成第一届修志的历史性任务，并开始新一届志书编纂的准备工作。摆在我们面前的任务十分繁重。

第一，在 20 世纪末要在保证质量的基础上，力争基本完成第一届志书编纂任务，这是今后五年的中心任务。

1986 年第一次全国地方志工作会议提出：到 20 世纪末或稍长一点时间，在全国大部分地区完成省、市、县三级志书的编纂任务。原定计划出版省、市、县志书约 6000 部，现在只完成约半数，剩下的编纂出版任务还相当艰巨。各省、自治区、直辖市编委会必须做出切实可行的计划，在保证质量的基础上，进一步加快进度，努力按计划高质量地完成本届修志任务。目前看来，多数地区可以按计划完成，但有少数省级志书和县、市志书的编纂进展比较缓慢，需要加强领导，改进工作，加快步伐。一些有困难的地区，可以做适当调整，采取有效措施，确保重点，使工作赶上去。对于实在没有条件完成的，不要勉强，可以酌情延长时间，列入下届修志计划中完成。在加快进度的同时，仍要坚持志书的质量标准。越是接近志书编纂出版的最后阶段，越要重视加强质量，严格把关，绝不能出版不合格的志书。后出版的志书要力争在质量上有新的提高。各省、自治区、直辖市应当争取至少抓出一两部真正有特色的志书精品佳作。在完成志书编纂出版任务的同时，还要做好志书的宣传、发行工作。要大力开展"用志"活动，充分发挥志书在社会主义建设各项事业中的实用价值。计划于中华人民共和国 50 周年大庆前，在北京举办一次全国新编地方志成果展览。

第二，在确保完成第一届修志任务的前提下，做好编修下一届志书的准备工作。

地方志工作是一项长期的、具有连续性的系统工程，上届志书完成之日就是下届修志开始之时。在已经完成本届志书编纂任务的地方，要积极做好续修新一届志书的准备工作。首先，最重要的是资料准备，要积极开展新的调查研究工作，认真逐年积累资料。一些具备条件的地方，应编纂和出版地方综合年鉴，这是连续积累资料的重要方式之一。其次，要在认真总结上届修志经验的基础上，根据时代发展的新形势、新要求，制订编纂新一届志书的规划。第一届修志中未开展工作的空白地区，要根据本地区的实际情况，着手编纂新方志的筹划。要妥善地协商、筹划和开展西藏自治区的修志工作。对香港、澳门回归后的修志工作，要与有关方面协商和进行探讨。组织关于编纂 21 世纪新志书的理论研究和设计探讨，对第二届修志的起止时限等问题，要从实论证。各地在 2000 年以前制订好全面的新一届志书的编纂规划，争取列入国家规划。要使新一届志书从一开始就具有更强的科学性、系统性，使志书的质量跨上一个新台阶。修志机构的主要任务是编纂志书，但围绕编纂志书还有多方面的工作需要开展，包括有条件的地方可进行一些旧志整理工作。要逐步拓展工作领域，把地方志工作做好、做活，使之保持旺盛的生命力。

第三，结合修志实际，进一步加强地方志机构和专业队伍建设。

要保持各级修志机构和专业队伍的稳定性，以保证长期开展多方面业务的需要，并利于吸引人才，培养和提高队伍素质。在当前各地进行机构改革中，对修志机构和专业队伍要有长远的考虑。各地不论第一届修志任务是否已经完成，都有大量工作需要继续开展，因此，应当做到机构在册、人员在岗、工作在手。要大力加强省级地方志编纂机构。目前有些地方志编纂委员会正在筹建方志馆，实行一个机构两块牌子，使之成为当地的地情资料中心、研究中心、咨询服务中心，围绕修志工作开展多方面的活动。这是值得推广的好经验。要严密制度，切实保管好搜集的大量宝贵资料，防止丢失、损坏。修志机构要根据实际情况，加强现代化建设，逐步实现地方志工作手段的电脑化、网络化。为了高质量地完成修志任务，要大力提高专业队伍的素质，采取多种方式，有计划地加强修志人员的培训。建议高等学校和研究机构输送更多的经过系统培养而具有较高专业水平的人才，不断充实修志队伍，进一步优化组织结构。希望在国家教委的支持下，在有条件的高等学校建立地方志专业。地方志系统本身可举办多层次、多渠道的修志研讨班、培训班，加强对专职干部的再培训，普遍提高修志队伍的理论和业务水平，力争出现一批真正高水平的修志专家。

争取在1997年举行全国新方志优秀成果评奖活动；并在与有关部门协商后，评选全国地方志先进工作者和先进工作集体。

第四，坚持理论与实践结合，加强新方志理论研究和学科建设。

为适应新的形势发展的需要，必须大力加强方志基本理论研究和方志编纂学研究，建立新方志学科。要认真贯彻理论联系实际的原则，深入探讨和总结十几年来地方志工作各方面的经验，并在此基础上作出理论上的概括，探索新形势下修志工作的规律。要结合各地编纂工作的实际情况、特点、经验和问题，分门别类地探索各类志书的编纂原则和方法。要坚持百家争鸣的方针，提倡方志理论界不同意见的自由讨论，组织地方志刊物开展各类志书的科学评论工作。要组织多层次的新方志理论专题讨论，并对重点问题组织攻关研究。要充分发挥地方志协会在开展学术活动和学术交流中的作用。要着手制订以建设新方志学为目标的方志理论建设规划，并采取切实措施组织实施，争取在 20 世纪内编写出较有分量的新方志学著作。

第五，制定编修地方志的工作条例或规定，促进方志工作的制度化、规范化。

编修地方志是省、市、县三级政府的一项重要任务，应当争取作出相应的决定，制定统一的条例或规定，使之制度化、规范化。1985 年由中国地方志指导小组颁布的《新编地方志工作暂行规定》，对于指导修志工作发挥了积极的作用。但是随着形势的发展，这个暂行规定的某些内容已不能适应今天新情况的需要。必须根据十几年来修志的实际经验加以修订，形成新的《关于编修地方志工作的若干规定》，经过法定程序，颁发各地实施，使之具有必要的权威性。同时，各地也可以根据此规定和自己的实际情况，制订实施细则和具体规章，使修志工作更加扎实有序地进行。这次会议的一项重要议程，就是要讨论通过指导小组起草的有关文件。

四　进一步开创地方志工作新局面

我国改革开放和现代化建设取得的伟大历史性成就，为地方志工作的发展提供了良好的条件，也提出了更高的要求。希望各省、自治区、直辖市各级领导，适应新的形势与任务的需要，加强对地方志工作的领导，引导全体方志工作者，认真学习，改革创新，抓住机遇，迎接挑战，开创地方志工作的新局面。

全国地方志工作者应开展一个新的学习运动。要进一步学习和掌握马列主义、毛泽东思想和邓小平同志建设有中国特色社会主义理论，学习党的十四届五中全会、八届全国人大四次会议文件精神，学习党的路线、方针、政策。要加强业务学习和有关学科理论学习，发扬 15 年来地方志工作者一贯坚持的"求实、创新、协作、奉献"的精神，热爱地方，了解地方，研究地方，建设地方；热爱地方志工作，研究地方志工作，使地方志在改革开放和社会主义现代化中发挥更大的作用。

要充分认识我们国家正在发生天翻地覆的巨大变化。大量新的情况、新的事物、新的问题出现在面前。我们应当解放思想，实事求是，加强调查研究。要大胆探索，勇于创新。我们正在建立社会主义市场经济体制，要根据实际需要和可能，拓宽地方志工作的领域，摸索改革的路子，充分发挥地方志在社会主义现代化建设中的多功能作用，在"服务当代"这个大题目上多做文章，增强地方志机构的活力。对新编地方志本身，从内容到形式也要不断探索，既要保持优良传统，又要适应新的情况而有所发展和提高。现代化信息手段发展迅猛，要积极探索地方志工作与现代化信息手段接轨的途径。

过去人们讲"盛世修志"，在旧社会这只是表现了人们对修志的一种良好愿望。今天，全国各族人民在以江泽民同志为核心的党中央的正确领导下，正在满怀信心地沿着建设有中国特色社会主义道路阔步前进，将把一个经济持续发展、社会全面进步、充满生机和希望的中国带入 21 世纪。时代需要地方志工作者全面反映 960 万平方公里神州大地上所出现的伟大历史性变革，真实记录十多亿人民群众所创造的丰功伟绩和所经历的艰难险阻。这才是真正的盛世修志之时！全体地方志工作者要充分认识肩负责任的光荣和重大。要谦虚谨慎，兢兢业业，在党和政府的领导下，依靠广大人民群众的支持，把新编地方志工作做得更好，使新编地方志真正成为广大人民创造新生活的有力工具，为建设有中国特色的社会主义作出自己应有的贡献！

（原载《中国地方志》1996 年第 3—4 期合刊）

集思广益,做好评奖工作

——在中国地方志小组二届三次会议上的讲话

(1997 年 5 月 7 日)

今天在这里召开中国地方志指导小组会议,把大家请来,主要目的,就是要大家对我们今年的各项任务和今后的工作安排发表意见,以便开展各项工作,使方志事业不断深入。现在,先向大家简单汇报第二次全国地方志工作会议和国务院办公厅颁发《通知》以来,各省、自治区、直辖市贯彻落实会议和《通知》精神的情况;地方志指导小组开展工作的情况以及今年的工作安排;并将拟定的《全国地方志评奖实施办法》以及按照国务院《通知》精神讨论修订的《关于地方志编纂工作的规定》,提请会议审议通过。

第二次全国地方志工作会议召开和国务院办公厅《关于进一步加强地方志编纂工作的通知》颁发后,促进了各地方志工作的开展。在各地政府和主要领导的支持下,绝大部分地区召开了地方志工作会议,拟定了《地方志工作发展规划》,有些省调整了地方志编委会,落实了"五到位",并制订了落实规划的具体措施。有些省还创造条件,筹建方志馆、方志信息中心,开拓了方志工作的新领域。

中国地方志指导小组从第二次全国地方志工作会议以后，主要做了这样几件事：

（一）了解各地贯彻落实第二次全国地方志工作会议的情况；

（二）帮助西藏自治区开展修志工作，召集在京专家学者座谈《西藏自治区志编纂大纲》，并组织山东、陕西等省专家学者，赴拉萨讲学，具体指导；

（三）在广西南宁主办了第一届全国地方志高级理论研讨班，着重讨论了如何提高新方志的质量问题；

（四）根据第二次全国地方志工作会议要求和国务院《通知》精神，反复讨论修改了《关于地方志编纂工作的规定》，并为全国地方志评奖做好了准备工作。

开展地方志的评奖工作，是今年的一项重要任务，也是广大地方志工作者期盼、关注的大事。1993 年举办的全国志书评奖工作，尽管限于当时的条件，存在一些不够完善的地方，但对提高志书质量和方志工作者的工作热情，还是起到了积极促进作用。为了贯彻落实第二次全国地方志工作会议的要求，在修志队伍中，大力倡导"求实、创新、协作、奉献"的敬业精神，树立"出佳作、创名志"的意识和抱负，高质量地完成社会主义时期第一届新方志的编写任务，经过反复讨论研究，拟定了《全国地方志评奖实施办法》。现在提交这次会议讨论，希望大家敞开思想，畅所欲言，充分发表不同意见。

（原载《中国地方志》1997 年第 3 期）

总结修志经验，为续修新志奠定基础

——在全国地方志奖颁奖大会闭幕会上的讲话

（1997 年 8 月 22 日）

为期三天的全国地方志奖颁奖大会就要圆满结束了。这次大会开得很好。中共中央政治局委员、国务委员、中国地方志指导小组组长李铁映同志亲临会议，作了重要讲话，肯定了 17 年来我国社会主义时期新方志编纂工作所取得的重大成绩，指明了我国地方志工作今后的努力方向。王忍之同志对这次评奖工作进行了总结，实事求是地分析了获奖志书的成就，指出了志书中尚存在的一些问题和不足之处，要求全国地方志工作者认真总结地方志编纂工作中的经验教训，使新编地方志的科学质量大大提高一步，达到一个新水平。国家新闻出版署副署长桂晓风同志、浙江省委副书记刘枫同志、宁波市市长张蔚文同志在会上作了热情洋溢的讲话，对获奖志书及其编纂者、组织者以及全国地方志工作者给予极大的鼓励。会上，还向荣获全国地方志奖的志书编纂者颁发了获奖证书并给予奖励，表现了党和国家对地方志工作的深切关怀和殷切期望。昨天，十几个省、自治区、直辖市的同志在会上交流了经验，畅谈了体会，内容丰富多彩，很有启发。应该说，这是一次树立榜样、总结经验的会议，一次提高志书质量的会议，也是一次鼓舞士气、乘胜前进的会议。

在这里我想强调一下，这次评奖表彰了一批获奖志书，这首先是对获奖志书编纂者的创造性的劳动的肯定，说明这次评奖的确把本届修志中较好的志书推选出来了，反映了本届志书的较高水平。特别是出现了一些质量确实比较出色的好志书，它们既能提供丰富翔实的地情资料，又有较高的学术品位，特色鲜明，是我们学习的榜样。我们应当向这些优秀志书学习。从另一方面说，应该看到，这也是对全国地方志工作者的劳动的肯定。因为获奖志书所以能取得成功，并不是在封闭、孤立的状态下取得的，而是在全国修志大环境下取得的，获奖志书的编纂也吸收了全国修志的经验和智慧，它们是全国修志的代表。正如王忍之同志讲话中指出的那样，获奖志书虽然具有自身的突出优点，但并不是说这些志书就不存在着缺点和问题；同样的，有些志书虽然没有获奖，但不等于说就没有自身的优点和长处。有的志书，就其编纂质量来说，也许并不见得比获奖志书差。因而，我们在强调向获奖志书学习的同时，也要强调向未获奖志书的好经验、好做法学习。大家互相学习，互相激励，取长补短，团结合作，这样才能推动我们的事业不断前进。

还应当强调的是，这次评奖是对这一届志书的一次重要评估。我们了解到，各省、市、自治区向全国推荐优秀志书是很严肃认真的，这就为我们这次全国评奖工作打下了很好的基础。在威海进行的初评工作和在北京进行的总评工作都进行得很好。我在威海的初评会上听了18个省、市、自治区地方志办公室的介绍。在北京总评会上，各位学者专家分工审读了志书，并提出了自己的评审意见。应当说，整个评审工作进行得严肃认真，评奖结果是比较符合客观实际的。尽管如此，我们还不能说这就是最终的裁定。一部志书是否优秀，是否真实、全面、深刻地反映了地区的客观实际，还需要接受不断发展的社会实践的检验，要由历史来作鉴定。因此，对于获奖志书来讲，既要肯定和发扬已取得的成绩和经验，又要正视志书中尚存在的缺点和问题，防止盲目自满。要虚心听取实践的呼声，对自己的工作进行认真的反思，努力发现志书中的不足之处，并且找出解决的办法和途径。只有采取这样的态度，才能不断提高志书的质量，使我们的志书能够经受历史的检验。

这次评奖工作就要结束了，但这将是我们地方志工作的一个新的阶段的开始，会后还有大量新的工作等待着我们去做。新方志出版了，不能像过去旧方志那样，被送进图书馆或摆在学者专家的书架上，供少数人查阅。我们的新方志是地情书、国情书，是供广大干部群众阅读和使用的社会教科书，要广为宣传，发挥获奖志书的重点示范作用，发挥各省市出版的新志书广泛的社会教育作用。要使全社会都能很好地了解地方志，读地方志，学地方志，用地方志。我自己就是在做地方志工作后，才逐渐深入了解地方志的价值。为此，我们必须首先认真组织好对获奖志书的科学评论工作和宣传工作，实事求是地分析获奖志书的特点、优点和所取得的成就，也实事求是地分析这些志书的缺点和不足之处。要写出高水平的文章，通过评论，向社会介绍新编地方志工作的意义和价值，并宣传已经出版的志书，推动社会各界广泛地读志、用志。李铁映同志在会议讲话中特别强调了志书的使用问题，他说："修志的目的在于用，不仅当代人用，也为后代人用。志书所以具有保存价值，就因为它有使用价值。""要研究和开拓志书的应用功能。好的志书不仅有很大的社会效益，也会带来经济效益。"李铁映同志的讲话很重要。我们一定要认真抓好志书的使用问题。各地应立即着手总结和研究这方面的经验，做好准备，争取明年召开一次用志工作会议。我们还要结合这次评奖工作，进一步总结本届修志的经验。这次大会的交流经验仅仅是开头，还要把文章继续深入地写下去。要通过评奖中的生动事例，研究一下什么叫好志书，怎样才能修出好志书。修志有道，道在什么地方？我们应当作出科学的回答。这里面包括一些重要的理论问题，例如，经过十几年的修志实践，对地方志的性质、任务有些什么新的理解和新的认识；也包括一些具体的编纂方法问题，例如编纂体例结构的继承和创新问题。所有这些工作，需要作出规划和安排，逐步建立制度，使地方志工作制度化、规范化、科学化，这一切都要依靠全国各地地方志工作者一起来做。

关于评奖工作，主要就谈这些，下面还要就今后的工作谈一些意见。这次会议既是一次颁奖大会，也可以说是一次全国工作会议，因为各省、自治区、直辖市地方志编委会和办公室的负责同志都出席了，应该向大家谈一谈我们考虑的今后要做的几项工作。

第一，摆在首要地位的是，要认真组织全国地方志工作者开展一个新的学习运动，学习马列主义、毛泽东思想，特别是邓小平同志建设有中国特色社会主义理论，学习即将召开的党的十五次代表大会的文件。这是全国各级领导干部和广大干部、群众的共同任务，对于肩负着记录我们这个伟大时代职责的地方志工作者，尤其重要。我们一定要把这项工作切实开展下去，使我们的地方志工作出现一个新局面，为我国社会主义两个文明建设作出更大贡献。

第二，进一步落实第二次全国地方志工作会议要求，切实完成本届修志任务。为此，要特别注意关心和帮助那些条件比较差、困难比较多的地区。从去年到现在，许多省、自治区、直辖市召开了本地区地方志工作会议，认真学习和贯彻第二次全国地方志工作会议的精神，根据李鹏同志、李铁映同志讲话和国务院办公厅《通知》的要求，对本地区的修志工作做了切合实际的部署。在各级领导的重视下，大部分地区都能在20世纪或稍长一些时间内，完成本届修志任务。据了解，绝大部分省、市、县对贯彻二次会议的精神是做得比较好的，但也有一些省份和市县还没有把地方志工作真正纳入各地经济社会发展计划和各级政府的任务中去。有的地方领导没有真正到位，修志机构很不健全稳定。有的地方志书出了，机构也就散了，进一步开展工作的经费更谈不上落实。有的地方志稿长久放在那里得不到出版，等等。希望各地对地方志工作给以应有的重视，切实扭转上述情况。

第三，积极开展续修下一届新志书的准备工作。李铁映同志在第二次全国地方志工作会议上明确指出："这次工作会议后，各地要制订方志工作计划。""要收集整理资料，做好21世纪第一部地方志的准备工作。要有新起点、新水平。"在本届修志即将完成的地区，要在总结经验的基础上，提出续修新志的方案和规划，开展修志资料的收集工作和调查研究工作，从理论和实际的结合上为使续修志书达到新的水平做好准备。江泽民同志十年前曾讲："编纂社会主义新方志是两个文明建设的组成部分，是社会主义建设的系统工程，是承上启下，继往开来，服务当代，有益后世的千秋大业。""编修新方志不是一件可有可无的工作，而是一项认识过去，服务现在，开创未来，不仅有近期社会效益，而且可以产生久远社会效益的意义重大的事业。"我们一定要认真贯彻江泽民同志的指示，把续修新志的准备工作做好。

第四，加强队伍建设和理论建设。为了进一步提高志书的编写质量，必须建立一支德才兼备的修志队伍。我们在十多年的修志实践中，已形成了一支既有较高政治素质又有较高业务素质的队伍，在修志工作中发挥了重要作用。但是随着时间的推移，在各级修志机构中，已经或即将出现青黄不接的局面，必须结合修志的实际，通过多种途径，进一步加强修志队伍的建设。同时，还要在总结经验的基础上，加强方志理论建设和学科建设。地方志协会要积极组织各地有丰富实践经验的方志工作者和方志理论工作者，总结本届修志经验，大力加强方志基本理论研究和方志编纂学研究。要着手制订以建设新方志学为目的的方志理论建设规划，争取在 20 世纪内编写出较有分量的方志理论著作。

同志们，我们的评奖工作已经告一段落。新的工作又摆在我们面前。任务艰巨，前景光明。让我们在以江泽民同志为核心的党中央的领导下，在全国地方志工作者的共同努力下，为进一步提高志书质量，为在 20 世纪内或稍长一些时间完成本届修志任务，为做好续修 21 世纪新志书的准备工作，努力工作，为建设有中国特色社会主义作出自己的贡献！

（原载《中国地方志》1997 年第 5 期）

发扬军事志编修工作优良作风

——在全军军事志第一次工作会议上的讲话
（1998 年 2 月 18 日）

同志们：

全军军事志指导小组的成立和全军军事志第一次工作会议的召开，是我国地方志事业发展的一件大事。我代表中国地方志指导小组，对会议表示热烈的祝贺！

下面，我把全国地方志工作的情况简要向大会做一介绍。

编修地方志是我国的优良文化传统，至今已有上千年的历史。我国迄今保留下来的旧方志，大约有九千多种，约占我国现存全部古籍的十分之一，这是我国珍贵文化遗产的一个重要组成部分。

新中国成立后，早在 20 世纪 50 年代就曾着手编写新的地方志，后因发生"文化大革命"而被迫中断。80 年代进入社会主义建设新时期，重新开展了全国性的修志工作，这也就是通常讲的社会主义时期的第一届新编地方志工作。所以，新编地方志工作既是对我国优良文化传统的继承，又是在我国社会主义现代化建设推动下，逐步发展起来的一项系统文化工程。

我们党和国家的几代领导人都十分关怀和重视地方志工

作。毛泽东等老一辈无产阶级革命家，早在革命战争年代就重
视使用地方志，把搜集、研究地方志当作了解和研究中国国情
和地情的重要途径之一。新中国成立后，毛泽东同志便提出编
修地方志的倡议；周恩来同志还亲自过问了地方志小组的建
立。党的十一届三中全会以后，进入社会主义建设新时期，邓
小平同志首先强调"摸清、摸准我们的国情"对社会主义现代
化建设的极端重要性，这就为新时期地方志工作指明了方向。
1987年，江泽民同志在上海地方志编委会成立大会上，全面阐
明了新编地方志工作的意义和要求，明确指出："编纂社会主
义新方志是两个文明建设的组成部分，是社会主义文化建设的
系统工程，是承上启下，继往开来，服务当代，有益后世的千
秋大业。""修志工作是一项不容易引起重视的重要工作，各级
领导要把修志工作当作一项重要事业来抓，并切实抓好。"江
泽民同志意义深远的讲话，在方志界引起了强烈的反响。成为
指导我国地方志工作继续前进的重要依据。他到中央后，还委
托中共中央办公厅的负责同志听取地方志工作的汇报，还亲自
为一些志书题写书名，并把地方志作为珍贵礼品赠送港台同
胞。李鹏同志1991年亲自为《黄河志》作序，1996年在中南
海接见全国地方志第二次工作会议全体代表时指示说："新编
地方志工作是社会主义文化建设事业的一个组成部分、一定要
认真做好。"

　　为了加强对全国地方志工作的指导，经国务院领导同意，
1995年对中国地方志指导小组进行了调整和充实，由中共中央
政治局委员、国务委员李铁映同志担任中国地方志指导小组组
长，在指导小组成员中吸收了各方面的专家、学者。指导小组
的调整，充分说明了党中央、国务院对地方志工作的关怀和重

视。1996 年 5 月，在李铁映同志主持下，召开了具有重要意义的全国地方志第二次工作会议。李鹏同志接见了全体与会同志，并作了重要指示。李铁映同志在会上作了重要讲话，明确指出："修志工作绝不是可有可无的事，而是各级政府的职责，主要是省、市、县三级政府主要领导同志的职责，是两个文明建设的重要组成部分。"因此，要坚持"一纳入"，即把修志工作纳入各地经济社会发展计划和各级政府的任务之中；要坚持"五到位"，即领导到位、机构到位、经费到位、队伍到位、条件到位；要坚持党委领导、政府主持、专家修志、三审定稿等制度。李铁映同志还指出："方志事业要连绵不断，代代相济"，"一届志书完成之日，就是新一届志书开修之时"。在这次会议之后，1996 年 11 月，国务院办公厅颁发了《关于进一步加强地方志编纂工作的通知》（以下简称《通知》）。李鹏同志的讲话和李铁映同志的讲话以及国务院办公厅《通知》的颁发，极大地鼓舞了全国地方志工作者，有力地推动了全国的修志工作。

在党中央、国务院的亲切关怀和各地党委、政府的领导和主持下，经过全国广大地方志工作者，包括军队修志工作者的艰苦努力，新编地方志工作取得了很大的成绩。现在，全国各省、自治区、直辖市，除香港特别行政区、澳门特别行政区和台湾省外，都已建立了省级地方志编纂委员会，基本上是由省委书记或省长担任编委会主任。绝大部分市、县也都建立了修志机构。自上而下的修志机构的普遍建立，在我国历史上是空前的，为全国范围持续开展新编地方志工作奠定了组织建设的基础。在十多年的修志实践中，培养和锻炼了一支十余万人的专职和兼职修志队伍；经过多年的修志实践和多种方式的培训，专业水平有了很大提高，不少人已经成为熟悉本地情况、富有修志经验的专家和方志理论工作者。本届修志到 20 世纪末计划编纂出版省、市、县三级志书共约 6000 部。截至 1996年底，已经出版 3000 多部，还有 2000 多部正在编纂或陆续出版之中。这是我国当代社会科学领域最大的成果系列。它全面、系统地记载了我国各地的自然环境和社会状况，着重反映近百年来各地区的历史和现状，特别是 1949 年以来政治、经济、文化、军事、教育、科技等各方面的发展变化，可以说是我国的"地情书"和"国情书"。各地在修志过程中，进行了规模空前的地情调查，搜集了数百亿字的各种地情资料，抢救了一大批珍贵资料，这是可供长期开发使用的地情资料信息宝库，有些省、市为此而建立了通志馆或方志馆。

在编纂志书的同时，进行了广泛的方志理论探讨，发表了大量论文和专著，推动了修志工作的不断发展。修志的目的，是为了用志，各地修志机构还积极开展用志活动，为各级领导决策和向社会各界提供广泛的咨询服务，产生了很大的社会效益和经济效益，为我国社会主义现代化建设、国防建设，做出了贡献；新编地方志书在向广大人民群众和青少年进行爱国主义、集体主义、社会主义教育，帮助港澳台同胞以及海外侨胞了解家乡变化，热爱祖国，热爱家乡，密切同家乡的联系等方面，也发挥了重要作用。

当然，新编地方志工作目前也还存在一些困难和问题。本届修志任务现在完成了三分之二，还有相当数量志书的编纂和出版任务有待完成；已出版的志书质量参差不齐，很不平衡，提高志书质量仍是当前一项十分严峻的任务；在改革开放、向社会主义市场经济体制转轨的过程中，修志机构和修志队伍需要稳定；修志队伍的素质虽有提高，但仍不能完全适应客观形势的需要。这些问题和困难还有待我们认真研究解决。

军事活动是人类社会活动中的一个重要部分。中国人民解放军是社会主义革命和建设的重要力量，在我国社会主义建设中起了巨大作用，因此军事志理应成为新方志中的一个重要组成部分。编写高质量的军事志对研究我国历代军事史，对搞好我国国防建设，对向广大群众进行国防教育，继承发扬我军优良传统等都有重要意义。

从 20 世纪 80 年代开始，各地军事机关便积极参与当地军事志的编写，经过长年累月的辛勤工作，不仅贡献出一部部军事志成果，而且把人民解放军的革命传统和艰苦奋斗的优良作风带到了地方志系统，成为全国地方志工作者坚持"求实、创新、协作、奉献"精神的表率。例如：广州军区领导，在部队工作异常繁重的情况下，把编修军事志作为加强军队文化建设的一项系统工程来抓，主动承担起对湖南、湖北、广东、广西、海南五省、区军事志编写工作的领导，多次召开军事志学术研讨会，认真对志稿进行评审把关，有力地指导和推动五省、区军事志的编写工作。广东省军区的 10 位离退休军队干部，从事军事志编写工作，在省军区大院一间破旧的平房里，辛勤地耕耘，一干就是十多年。他们中多数是 60 岁以上的老同志，有的因长期紧张工作，多次病倒，在住院治疗中还把资料和志稿带到病房进行修改；有的主动放弃外出度假、访问、疗养的机会，星期天和节假日经常不休息。他们查阅档案 2000 多卷，翻阅书籍近万册，摘抄、整理了近 7000 万字的资料，完成了志稿 90 多万字。大家称赞他们为"脱下戎装不卸装"的老战士。1995 年，这个军事志编写班子被广东省地方志编纂委员会授予全省修志先进单位称号，在全省进行表彰。类似的事例，还可以举出不少。经过军队同志的勤奋工作，军事志编纂取得可喜成绩。1997 年，中国地方志指导小组举办了全国地方志书评奖活动，评出一等奖 51 部，其中有《吉林省志·军事志》《湖南省志·军事志》；二等奖 127 部，其中有《安徽省志·军事志》《山东省志·军事志》。

这次，全军军事志指导小组的成立和全军军事志第一次工作会议的召开，一定会进一步加强全军对军事志编写工作的领导，进一步提高军事志编纂的质量，并推动整个地方志总体质量的提高，促进全国地方志事业的进一步发展。借此机会，我也代表全国的地方志工作者，向军队的各级领导和参与军事志编纂工作的同志们表示衷心的感谢，并致以崇高的敬意！希望全国地方志工作者奋发努力，胜利完成本届修志任务，做好下届续修的准备工作，迎接 21 世纪地方志工作的新发展，为建设有中国特色的社会主义事业做出更大的贡献。

祝大会圆满成功！

（原载《中国地方志》1998 年第 3 期）

努力完成本届修志任务，
把新编地方志事业推向二十一世纪

——在 1998 年全国地方志工作会议暨中国
地方志协会常务理事会议上的讲话
（1998 年 12 月 15 日）

1998 年全国地方志工作会议今天在这里召开。

这次会议是在今年一月召开的指导小组二届五次会议上决定的。原准备在今年秋天召开一次以用志为主题的会议，后来考虑到情况的发展变化和各地工作的需要，我们派出几位副秘书长和办公室的同志到一些省、自治区、直辖市地方志办公室进行了解和征求意见。根据调查结果，决定把会议时间推后。会议除交流各地用志经验以外，还要回顾和小结一下全国第二次工作会议以来的工作，讨论和研究明年的工作部署。这就是我们这次会议的中心议题。

希望通过会议，进一步明确方向，鼓舞士气，更好地完成本届修志任务，积极着手新一届志书的编纂准备，为把新编地方志事业推向 21 世纪做出努力。李铁映同志本来要出席会议，和同志们见面，但因临时有事不能出席。王忍之同志、王刚同志也将出席会议并讲话。参加这次会议的有各省、自治区、直辖市的地方志办公室主任；中国地方志协会的常务理事也应邀参加会议，并召开常务理事会。另外，还邀请了全军军事志指导小组办公室和中国人民武装警察部队总部编史办、新疆生产建设兵团史志办的同志参加会议，一起商议修志大计。

下面分两部分谈几点意见：

一　关于全国地方志第二次工作会议以来的工作

新编地方志工作一直是在党中央、国务院的亲切关怀和有力领导下进行的。以江泽民同志为核心的党中央十分关心修志工作。早在 1987 年，江泽民同志就深刻地指出了新编地方志工作的重要意义："编纂社会主义新方志是两个文明建设的组成部分，是社会主义文化建设的系统工程，是承上启下，继往开来，服务当代，有益后世的千秋大业。"在 1996 年 5 月召开的具有重要历史意义的全国地方志第二次工作会议上，李鹏同志和李铁映同志也作了重要讲话，再一次阐述了新编地方志工作的重要意义，并对修志工作的一系列重大问题，作出了明确指示。正是在党中央、国务院的关怀和领导下，在马列主义、毛泽东思想、邓小平理论伟大旗帜的指引下，全国地方志工作两年多来出现了令人振奋的新局面，在很多方面都取得了显著成绩。

1. 全国地方志工作的制度化、规范化，有了切实的进展。

1996 年 11 月 9 日，国务院办公厅颁发了《关于进一步加强地方志编纂工作的通知》。这是继 1985 年国务院办公厅发出的〔1985〕33号文件之后，又一个国家颁发的重要修志文件，对"在建立社会主义市场经济体制的新形势下"地方志编纂工作的一些重大问题，提出了明确的要求。1998年2月，经国务院领导同意，又颁发了《关于地方志编纂工作的规定》，对地方志编纂工作各方面的问题，作出了明文规定。这是在1985年发布的《新编地方志工作暂行规定》的基础上，总结十几年的修志实践经验，集中全国广大方志工作者的智慧，制定的中华人民共和国第一部正式的修志规定。许多省、自治区、直辖市政府也根据本地实际情况，制定了一系列关于当地地方志工作的相应文件和工作细则。这就使我国地方志工作的制度化、规范化，走上了一个新台阶，使我国三级志书编纂工作作为党委领导、政府主持的一项长久事业，得到了有力的保障。

2. 各级政府进一步加强了对修志工作的领导。

全国地方志第二次工作会议实际上是一次加强各级政府对地方志工作的领导的动员会。李鹏同志强调要集中力量把省、市、县三级志书修好。李铁映同志进一步指出，修志是各级政府的职责和任务，要坚持"一纳入"，"五到位"（即把修志工作纳入各级政府的任务之中，修志工作要领导到位、机构到位、经费到位、队伍到位、条件到位），"党委领导、政府主持、专家修志"。在中央领导讲话精神的鼓舞下，两年多来，各级政府进一步加强了对地方志工作的领导。各省、自治区、直辖市政府召集专门会议研究和部署修志工作。大多数省、自治区、直辖市的主要领导担任了地方志编委会主任，其他省、市也都明确了主管地方志工作的主要领导。他们定期听取地方志工作的汇报，及时解决工作中的问题，推动各地地方志工作的发展。经过努力，目前大多数省、自治区、直辖市的修志机构已列入政府工作系列，成为当地政府领导下具有行政职能的一级单位，修志经费也列入了地方财政预算。有的地方把地方志工作列入地方政府的工作职责，并经地方人民代表大会通过。有十几个省、市建立了通志馆或方志馆，成为当地地情资料信息中心、研究中心和咨询服务中心。特别需要指出的是，在中央军委的亲切关怀和直接领导下，成立了全军军事志指导小组，召开了全军军事志第一次工作会议，制定了《军事志编纂工作暂行规定》，武警部队总部也制定了《武警志工作实施细则》，使全国各级军事志和武警志的编纂工作得到了有力的指导。在西藏自治区党委和政府的领导下，成立了西藏自治区地方志编委会，积极开展全区的修志工作。这样，全国除台湾省和香港特区外，31 个省、自治区、直辖市都已建立起修志机构。这在中国两千年的修志史上，是一个空前的成就，对于推动新编地方志工作的健康发展，发挥了重要作用。

3. 志书的编纂出版已经进入高潮，质量也有明显提高。

全国地方志第二次工作会议极大地推动了各地地方志的编纂工作。目前，安徽、河南、黑龙江、山东、湖北、四川、吉林、陕西等一些省已经基本完成或接近完成本届志书的编纂任务，志书的出版也正进入高潮。根据最近核实的材料，把各部门出版的部门志除外，在全国第二次工作会议以前，已出版的省、市、县三级志书有 2000 余部，到 1998 年底，出版的志书达 3400 余部。已出版志书的总体质量是好的。它们具有正确的即科学的指导思想，努力反映真实，坚持实事求是；体例结构比较严谨完备，能够反映本地区的基本面貌；资料丰富，反映面广，是本届志书的一个共同特点；各级志书中一些重要门类是由有专门知识的学者、专家撰写的，有较强的科学性；许多历史上从未修过志的地区，实现零的突破，第一次修出了本地的志书，其中有些是在极其艰难的条件下编纂出来的，弥足珍贵。因此，尽管具体到一部志书，可能存在这样那样的缺点和不足，个别的还有失误，但对本届志书的总体价值，不可低估，更不可不负责任地抓住一点自以为的"问题"而加以讥讽，全盘否定。1997年，由各学科知名学者、专家和有实践经验的修志人员组成的评审委员会对1993年以来出版的志书进行过一次认真的评选，有178部志书获奖。这些年来，各地还有很多志书在省、自治区、直辖市社会科学优秀成果评奖中获奖。这些都有力地说明了新编地方志的成就。

4. 多种多样的用志活动，正在全国广泛开展。

李铁映同志指出，"修志的目的在于用，不仅为当代人用，也为后代人用"。志书有长远效益，这已为历史所证明。志书可以在当代就致用，这是新编地方志工作的一个特色，是由时代的特点和新编地方志本身的特点所决定的。各地修志机构不仅修志，而且还组织、推动用志，努力开发方志资源，为两个文明建设服务，为此进行了大量有益的探索和开拓，取得了很好的成绩。例如，山东省史志办大力开展史志工作"三部曲"（知道历史状况是什么，说明历史过程为什么，推动历史发展干什么）的活动，积极为领导出谋献策，得到了省领导的充分肯定。在省领导的支持下，他们采用现代科技手段建立省情信息库，并逐步实现网络化，极大地拓展了地方志工作为两个文明建设服务的领域。云南省红塔区（原玉溪市）方志办在《玉溪市志》出版后，对志书资料进行二次开发，为当地中小学编写《爱我家乡——玉溪》的乡土教材丛书（一套六种），第一版 18 万册销售一空，再版 18 万册，仍然受到热烈欢迎。他们又继续编写供市民学习的《玉溪市民文明读本》，受到了市、区领导和广大群众的欢迎。发行 15 万册，也销售一空。不久前，黑龙江省专门召开了关于用志工作的座谈会，大家用丰富、生动的事例说明新编地方志不但在精神文明建设、革命传统教育和爱国主义教育中起到了积极作用，而且在经济建设、政权建设、社区建设和帮助领导决策等方面也发挥了很好的作用。各省、自治区、直辖市在这些方面都有不少成功的经验，在这次会议上将向同志们做专门的介绍。

5. 方志理论建设和队伍建设也取得了进展。

全国第二次工作会议提出加强理论建设、创建新方志学的任务，得到了各地的积极响应。1996 年 11 月和 1997 年 12 月，指导小组和地方志协会在南宁和昆明召开全国方志理论高级研讨会和学术年会，探讨有关志书质量和续修工作理论问题。之后，各省市也举行过多种形式的理论研讨，并且推出了一批内容扎实的理论文章和方志学专著。有些省正在组织力量撰写供专业队伍培训使用的方志学概论。各地在队伍建设方面，也做了很多工作。当前正值新老干部交替之际，许多地区在认真加强本地区修志机构领导班子的同时，注意吸收年轻的新生力量，特别是一些学有专长的大学毕业生和研究生参加工作，并且重视已退下来的有丰富修志经验的老同志的作用，使修志队伍既能保持稳定性，又具有更加合理的年龄结构。针对当前新参加工作的年轻同志多，有丰富实践经验的老同志也多的特点，江苏、河南、云南等一些省、区都结合当前工作需要，举办培训班和研讨班，对不同层次的修志干部进行不同内容的轮训。指导小组办公室也与一些高等学校合作，开展专业队伍培训和深造活动。一个新的修志专业队伍培训高潮正在各地酝酿兴起。

6. 一些地区积极准备续修下届新志书的工作。

目前，不少省、市、县已基本结束本届修志任务，续修新一届志书的任务正在提上日程。李铁映同志说，"修志事业是伴随着中华民族生生不息、永不竭尽的光荣事业"，"一届志书完成之日，就是新一届志书开修之时"。四川、河南、黑龙江、山东、吉林、云南等省或以省委、省政府办公厅名义发出续修新志的文件，或已在制定关于续修新一届志书的工作规划。有的省还在一些市、县单位进行续修试点。很多已完成本届修志任务的市、县正在进行续修的编纂准备工作。有些地区在认真总结上一届志书工作的经验教训和成败得失，作为续修工作的先导。例如河北省的秦皇岛、辛集、丰南、三河等市县志虽已在全国评奖中获奖，但他们不满足于已有成绩，在这次总结中着重检查和分析了这些志书中的问题、不足和失误，使续修工作从一开始就有了新的起点和新的高度。有些地区已在开展续修新志的资料准备工作。一些地、市和部分具备条件的县、市在积极创办地方综合年鉴。地方综合年鉴既能及时反映地区现状，成为关于当地地情知识和信息的最灵敏、最权威的载体。又可为续修新志积累资料，已经被当作续修工作和地方志经常性工作的一个组成部分。据不完全统计，两年来，全国地方志系统新创办的地方综合年鉴有 500 余种，目前仍保持着增长的势头。

以上是对两年多来工作进展的一些简单回顾。但是，我们不仅要看到工作中的进展和成绩，也要看到工作中的问题和不足。应当认识到，与全国地方志第二次工作会议的要求比起来，我们在不少方面还存在着一些差距。在完成本届修志任务方面，固然有些省、区已经完成或接近于完成本届修志任务，但也有相当一部分地区还有差距。有的省、区完成任务不到计划的 50%，要在 20 世纪或稍长一段时间内完成任务，还有相当大的难度。志书质量虽然总体说来，有所提高，但是质量参差不齐，个别志书不够理想的情况还是存在的。理论建设方面，虽取得了一些进展，但是，和丰富多彩的修志实践比起来，滞后的现象仍较突出。队伍建设和机构建设方面，也出现了一些新情况和新问题。有少数已经完成本届修志任务的市县级修志机构出现了一些动荡不稳的现象，个别地区修志机构名存实亡，或被撤销，造成修志人员流失。有少数省、区地方志办公室目前仍然有不少困难。对这些问题，我们应当有清醒的认识，并要采取正确的措施加以解决。

二　关于 1999 年地方志工作的建议

1999 年在我国改革开放和社会主义现代化建设的征途中，是具有特殊重要意义的一年。充满伟大变革的 20 世纪就要在这一年结束，带来巨大希望的 21 世纪即将开始。在这一年里，中华人民共和国将欢度 50 周年大庆，澳门将回归祖国，中国人民将全面实现在 20 世纪末达到小康的目标，并满怀信心地把建设有中国特色社会主义的伟大事业胜利地推向 21 世纪。

对新编地方志工作来说，1999 年也是一个重要的关键性年份。我们要在马列主义、毛泽东思想、邓小平理论的指引下，坚决执行党的路线、方针、政策，进一步贯彻落实全国第二次工作会议的精神和要求，为实现在 20 世纪或稍长一段时间内完成本届修志任务做出决定性的努力，并在已经完成本届修志任务的地区积极启动续修新一届志书的准备工作，把新编地方志事业更好地推向 21 世纪。因此，我们一定要下大力气，克服各种困难，把明年的工作做好。下面提出一些建议，供同志们讨论研究。

1. 继续完善本届志书的编纂出版。

尚未完成本届修志任务的省、自治区、直辖市要振奋精神，集中力量，切实抓好本届志书的编纂出版工作。要一部志书、一部志书地做出具体安排，采取得力措施，力争实现全国二次工作会议提出的奋斗目标，要保证质量，越到工作后期，越要强调志书质量。要争取在本届修志的最后阶段，能推出一批后来居上的精品佳作。少数困难确实很大的地区，既要振奋精神，力争进取，又要实事求是，量力而行，不要为赶进度而忽视质量。可以把完成时间适当推后一些。个别实在完不成任务的地区也可对计划进行调整，可以把原定任务放在下一届来完成。西藏自治区修志启动时间较晚，任务艰巨，质量要求很高，更应当根据实际情况安排工作进度。

各地要在认真检查本地工作情况的基础上，制定出切实可行的完成任务的工作计划（包括进行调整的计划）。请在 1999 年三月份报送指导小组办公室。

2. 要继续深入开展用志活动。

积极推广这次大会介绍的先进经验，大力开发各地掌握的丰富的地情信息资源宝库，适应各级政府决策的需要，面向社会，为两个文明建设服务。要加大对新编地方志成果宣传的力度，沟通地方志发行工作的各种渠道，使新编地方志更广泛地走向社会各界。要通过开展用志活动，把地方志工作搞活，使新编地方志事业更加生气勃勃，不断得到发展和壮大。

条件成熟的地区，要积极创办通志馆、方志馆。已经创建通志馆、方志馆的地区要使通志馆、方志馆进一步活跃起来，为各级领导和社会各界服务。要积极推动用现代化手段建立方志地情信息资料库，积极探索制作电子出版物形式的志书，逐步实现信息网络化。

在1999年秋季，准备举办一次全国性的大规模地方志成果展览，全面展示十八年来地方志工作的巨大成就。这是明年工作的一个重点。各省、自治区、直辖市地方志办公室要立即行动起来，积极筹划，精心设计，及早征集成果资料。指导小组办公室提出的成果展览方案已发给大家，请同志们认真修改，积极提出建议，集思广益，共襄盛举。

编纂《新编地方志书目提要》一书，是一项具有学术意义和实用价值的工程。会上发的草案是供大家讨论和征求意见使用的。希望大家讨论、修改，制定出可行的实施方案，还需要各地地方志办公室、地方志学会通力协作，把这项工作做好。

3. 积极推进续修志书活动。

已经完成本届修志任务的地区，要积极推动续修下一届志书的编纂准备。要在各级党委、政府的领导、主持下，把续修新一届志书的任务列入各级政府议事日程，制定出编修新志的工作规划。

续修新志要有计划有准备地进行。首先要认真组织好对上一届志书的编纂工作的总结，吸取上届修志的经验教训，使续修工作有新的更高的起点。还要切实地做好地情资料的搜集整理工作。要列出专题，进行深入的调查研究，掌握丰富生动的第一手资料。

各省、自治区、直辖市地方志办公室要积极开展年鉴编纂工作，推动有条件的地、市和部分县出版地方综合年鉴。李铁映同志在全国第二次工作会议上说："地方志、地方综合年鉴，以统一机构、统一收集整理资料、统一编纂为好，可以发挥优势，节约人力、物力。"各地要在当地党委、政府领导下努力使之逐步落实。

指导小组拟在广泛征求意见的基础上，组织起草《关于地方志续修的几项规定》。这是一项非常重要的工作，涉及一些重要的政策性问题和理论性问题，也涉及一些重要的编纂出版问题。希望在广泛吸收各方意见的基础上，经过一段时间的反复讨论和修改，形成正式文件后，报送领导审批颁发。

4. 积极开展方志理论研究和修志队伍建设工作。

各级地方志协会要推动和组织总结上届修志经验和续修新一届志书的专题学术讨论。今年年初提出编写出一部"内容充实、立论稳妥、具有一定特色的供教学和培训用的地方志概论"的任务，还需要进一步落实。建议地方志协会常务理事会对方志理论建设问题加以研究，提出建议。各省、自治区、直辖市地方志办公室要加大对修志干部培训工作的力度，有计划地对现有队伍进行普遍的轮训。指导小组办公室要与有关高等院校加强联系，帮助在有条件的院校建立地方志专业和培训中心，为地方志培养更多的专业人才。目前有不少长期奋战在修志战线的有丰富实践经验的老同志因年龄关系离退下来，他们是一笔极其宝贵的人才资源，对其中身体条件好、有真才实学的专家、骨干，应当采取聘用的办法，继续发挥他们的作用。

以上是关于1999年工作的初步设想，请同志们考虑，这样做是否可以。一些可以立即做的工作，请及早准备。

同志们，正在走向我们的1999年的脚步声已经清晰可数了。再过几天，1999年新年的钟声即将敲响。繁重、艰巨的工作在等待着我们。和全国各条战线的情况一样，新编地方志工作不仅面临着严峻的挑战，同时也蕴藏着巨大的机遇。我们工作中既有不少困难因素，同时也有更多的有利因素。最重要的是，在党中央、国务院的关怀和领导下，经过全国广大地方志工作者十几年来的艰苦努力，新编地方志事业已经取得长足发展，成为社会主义两个文明建设中一个不可缺少的组成部分。

在十几年的修志实践中，我们已积累了丰富的经验，这些经验集中反映在江泽民等同志的有关讲话和全国地方志第二次工作会议上中央领导的指示以及有关文件中。实践已经证明，新编地方志工作符合时代的要求，符合国家和人民的需要，它有着强大旺盛的生命力。只要我们高举马列主义、毛泽东思想、邓小平理论的伟大旗帜，坚决贯彻党的路线、方针、政策，努力学习，解放思想，实事求是，大胆探索，勇于创新，加强团结，无私奉献，在各级党委、政府的领导、主持下，依靠广大人民群众的支持，我们的目标一定能够达到！让我们用辛勤的劳动迎接新编地方志更加辉煌的新纪元吧！

（原载《中国地方志》1999 年第 1 期）

齐心协力办好新方志成果展

——在全国新编地方志成果展览会筹备会议上的讲话
（1999 年 6 月 10 日）

同志们：

今天我们在这里召开会议，主要是请各省、自治区、直辖市负责展览会筹备工作的同志一起来研究和部署今秋在北京举行全国新编地方志成果展览会的有关准备工作。

本届新编地方志工作，从 20 世纪 80 年代以来，在党中央、国务院和各地党委、政府领导的关怀和主持下，取得了很大的成绩。即将举办的展览会，是根据全国地方志第二次工作会议的部署，经中国地方志指导小组同意而举办的，目的是为了展示全国地方志工作者二十年来奋斗拼搏所取得的丰硕成果。这是全国地方志工作者向中华人民共和国成立五十周年大庆的一份庄重的献礼，是向党和国家领导、向全国人民的一次工作汇报，也是本届新编地方志工作任务接近最后完成前的一次盛大检阅，意义十分重大。我们一定要非常认真、非常细致地做好有关的各项准备工作，尽最大的努力把这次展览会办好。

下面简单地谈几点意见。

第一，这次新编地方志成果展览工作需要注意的一些问题。

（1）本届修志工作是在党中央、国务院的亲切关怀和有力领导下进行的。马列主义、毛泽东思想、邓小平理论和党的路线、方针、政策是新编地方志的指导思想。正是在邓小平同志关于"摸清、摸准我们的国情"的号召鼓舞下，兴起了本届地方志的编修工作。可以说，新编地方志工作是改革开放、社会主义现代化建设新时期的产物，是为这一时期的伟大历史任务服务的。江泽民同志明确指出："编纂社会主义新方志是两个文明建设的组成部分，是社会主义文化建设的系统工程，是承上启下，继往开来，服务当代，有益后世的千秋大业。"同时，他又明确地指出："修志工作是一项不容易引起重视的重要工作。"江泽民同志的这一重要讲话，已成为我们新编地方志工作的重要指针。李铁映同志在全国地方志第二次工作会议上又进一步强调，修志工作是"各级政府的职责，主要是省、市、县三级政府主要领导同志的职责"，要坚持"一纳入""五到位"，"党委领导，政府主持，专家修志"。党和国家领导人的一系列指示，推动了全国地方志工作的发展。举办这次展览会要认真贯彻党的指导思想，用生动、具体的形象表现党和国家领导以及各级党和政府领导对地方志工作的关怀、支持、指引，保证了新编地方志事业健康地成长，不断地发展、壮大。

（2）地方志是地情书、国情书。新编地方志反映地情的深度和广度，是过去任何时代的志书都不能相比的。不少志书反映了当地的特点，使新编地方志形成了自己的特色。出现了一批得到国内好评的志书。许多过去从未修过志书的地方，特别是一些边远地区，少数民族地区，现在编出了当地第一部有时代精神和科学精神的新志书。尽管各地志书由于主观客观原因，水平参差不齐，但从总体来说，本届志书是好的、成功的，比较科学地全面系统真实地反映了当地的历史和现状。已经出版的数千种省、市、县三级志书是新中国成立以来，我国最大的一个社会科学成果系列。这次展览，要着重表现我们在这方面所取得的成绩和所做的努力。

（3）李铁映同志说："修志的目的在于用。不仅为当代人用，也为后代人用。""用志是新时代方志事业的新特点、新发展。"二十年的实践证明，新编地方志工作确实对社会主义两个明建设发挥了很好的作用。各地围绕新志书的编纂工作，开展了大量的调查研究，积极地向领导部门出谋献策，为社会各界服务，在制定规划、基本建设、资源开发、招商引资、防灾减害、推动国民经济持续稳定发展等方面，在向广大群众进行国情教育和爱国主义教育、帮助港澳台同胞和海外侨胞了解家乡变化、加深同家乡和祖国的联系等方面，以及在开展科学研究和其他方面，都做出了显著成绩。这是客观的事实。我们要挑选这方面一些典型的、有说服力的、经过验证的事例加以表现，使人们更好地了解地方志，使用地方志，同时也争取社会各界对地方志工作给以更大的关注和支持。

（4）新编地方志成果展，要以新编志书为主体。但是，志书是由人来编纂的。新编地方志工作所以能取得如此显著的成绩，是同我们经过二十年的奋斗，已经形成了一支刻苦学习、热爱工作，很有战斗力和奉献精神的修志队伍分不开的，是同全国地方志工作者充分发扬"求实、创新、协作、奉献"的修志精神分不开的，因此，这次展览会也应注意表现一些优秀的地方志工作者为求真求实，完成编纂任务而埋头苦干、无私奉献的动人事迹。

这次展览会的任务主要是反映我们工作中的成绩和业绩，向社会各界介绍和宣传地方志和地方志工作。当然，我们在介绍和宣传时，一定要注意科学性。要实事求是，不要讲过头话，更不要搞浮夸。有的志书，虽然也存在一些缺点和不足，而总体上是好的或比较好的，应当加以肯定。但是，也应当指出，我们地方志工作者并不满足于已取得的成绩，要敢于正视和注意自己工作中的不足和问题，并在积极地听取各方面意见，加强调查研究，采取措施，认真纠正和弥补一些志书中存在的缺点和不足，努力使新编地方志工作更上一层楼。有些已完成编纂任务、并开始准备续修下一届新志的地方，已在着手这一工作。我们要认真地收集这方面一些好的事例，加以介绍和宣传。总之，要注意保证参展成果和展览会上的宣传介绍的政治质量和科学质量。展览工作不是一项事务性的工作，不是简单地摆一些书，写一些介绍文字就算完成。它是一项政策性、思想性、科学性都很强的工作。书怎么摆，突出什么，放在什么位置？文字如何写，照片怎样放？说什么，不说什么？要有讲究。要体现一种精神，一种思想。展览会要庄重大方，丰富多彩，引人入胜。一进会场，就使人感到有一种和一般书展、书市不同的氛围、品位、气势。这就要求我们必须加强学习，开动脑筋，努力创新。要使这次展览会成为一次思想性、科学性都很强的高水平展览会。

第二，展览会准备工作的一些意见。

这次展览会规模较大，参展的志书有数千种，如果把各种地情读物、爱国主义教育读物包括在内，数量更多，超过了过去举办的两次志书成果展览会。展览会计划在十月中旬举行，离现在只有四个月时间。时间紧迫，任务繁重，工作量很大。我们对工作的艰巨性和复杂性要有充分的认识。要做好各项设计工作和组织工作，使展览会的准备工作有条不紊、富有成效地进行。这是这次筹备会所要讨论和落实的一个主要问题。地方志指导小组办公室准备了一个工作方案，请同志们认真研究，加以修改补充，回去后认真地组织实施。

　　我想，这次全国新编地方志成果展览应当成为当前地方志工作的一件大事，需要各省、自治区、直辖市地方志办公室的同志集中力量把这项工作做好。同志们回去后，要向主管地方志工作的省领导汇报，争取领导的指示和支持。各省、自治区、直辖市地方志办公室要根据全国的统一布置和要求，研究和制订本省、自治区、直辖市的工作方案。要尽量考虑得周密一些，细致一些。中国地方志指导小组办公室责无旁贷，要全力以赴，做好展览会的设计工作和组织协调工作，为这次展览提供一些必要的条件。但是，我在这里还应该向大家反映一些实际情况，中国地方志指导小组办公室的人力、物力、水平、经验都很有限，尽管做了最大的努力，和客观实际的需要恐怕还会有相当大的差距。这就希望各省、自治区、直辖市的同志，发扬新编地方志一贯的团结协作的优良传统，积极地给予指导小组办公室以大力的支持和帮助，主动多承担一些力所能及的工作。展览会十月份开幕时，各地地方志工作者希望能多来一些人参观、学习，这是完全可以理解的。但是，全国汇总起来人数很多，全由指导小组办公室来接待，实在力不胜任，也请同志们予以谅解，顾全大局，遵守有关规定和安排，通过多种渠道共同解决。

　　上面我讲了这项工作的困难方面，但是也应当看到，我们

还有很多有利因素。最主要的是我们有党中央、国务院领导和
各级党委、政府领导的关怀、支持,有全国人民和各地广大地
方志工作者的积极支持,有经过二十年艰苦奋斗取得的成绩和
经验,我们完全有信心把这次新编地方志成果展览会办好!

　　就讲这些。祝会议取得圆满成功!

　　　　　　　　　(原载中指办文件　中指办发〔1999〕03号)

我国新编地方志成果辉煌

（1999 年 10 月）

在举国上下热烈欢庆中华人民共和国成立 50 周年的大喜日子里，全国新编地方志成果展览会于 10 月 18 日至 23 日在位于北京天安门广场东侧的革命博物馆隆重举行。它全面展示了我国第一届新方志的丰硕成果。

编修地方志是我们中华民族特有的优秀文化传统，它已经有 2000 多年历史，历代保存下来的旧志书，仅宋元以来就有 9000 余种，10 万多册（卷），约占我国现存古籍的十分之一。这是我们祖国珍贵历史文化遗产的一部分，也是世界人类珍贵历史文化遗产的一部分。世界各国，尤其是美国、日本及西欧各国历来都很重视中国方志的收藏，其数量也十分可观。新编地方志，是新中国成立后特别是改革开放以来编修的地方志，是继承我国古老的历史文化传统，适应新时代的社会需要而逐步发展起来的。

一　党和国家领导人对地方志
事业的关怀和重视

我们党和国家的几代领导人，对地方志的编修和利用都十分关心和重视。早在 1941 年，中共中央发布《关于调查研究的决定》，就明确规定要"收集县志、府志、省志、家谱，加以研究"，把搜集和研究地方志作为了解中国国情和地情的重要途径之一提出来。中华人民共和国成立以后，编纂社会主义新方志的任务便提上了议事日程。1956 年国务院在制定十二年科学远景规划纲要时，将编修地方志列为 20 个重要项目之一，要求"全国各县、市（包括少数民族地区）能够迅速编写出新地方志"。毛泽东主席 1958 年 3 月在成都主持中央工作会议期间，专门调阅《四川通志》《华阳国志》《蜀本纪》等一批志书，并选辑其中部分内容，转发给到会的同志，倡议各地编修地方志。同年 8 月，周恩来总理指示有关部门，要系统整理县志，把各地方志中关于经济建设、科学技术的资料整理出来，做到"古为今用"。并且在他的亲自关怀下，建立了地方志小组，负责推动全国的修志工作，兴起了第一次编修新方志的热潮。到 1960 年，全国已有 20 多个省、自治区、直辖市的 500 多个县着手编纂地方志。只是由于三年经济困难和随后进行的"四清"运动，特别是十年"文化大革命"，各地修志工作被迫中断了。

中共十一届三中全会以后，我国进入一个新的历史时期。随着我们党的实事求是思想路线的恢复和工作重心转移到四个现代化建设上来，党和国家第二代领导核心邓小平同志首先提出"摸清、摸准我们的国情对社会主义现代化建设的极端重要性"，为新方志的编修指明了方向。1985 年，国务院办公厅发布国办发〔1985〕33 号文件，转发了中国社会科学院关于加强全国地方志编纂工作领导的报告，要求各省、自治区、直辖市人民政府参照执行。同时，各地的党政领导为全面了解本地区的基本情况，从实际出发规划当地建设事业的客观需要，也注意地方志的编修，推动了 20 世纪 80 年代初新编地方志的再度兴起。

以江泽民同志为核心的我国第三代领导人，更加重视新方志的编修。江泽民同志 1987 年在上海地方志编委会成立大会上发表重要讲话，全面阐明了新方志编修的重要意义，明确地指出："编纂社会主义新方志是两个文明建设的组成部分，是社会主义文化建设的系统工程，是承上启下，继往开来，服务当代，有益后世的千秋大业。"他还特别强调，在各项工作十分繁忙的情况下，"修志工作是一项不容易引起重视的重要工作，各级领导要把修志工作当作一项重要事业来抓，并且切实抓好"。在他担任中共中央总书记以后，仍然十分关心新方志的编修，特地委托中央办公厅的负责同志专门听取全国新编地方志工作的汇报，还亲自为一些地方的新志书题写书名，并且把新志书作为珍贵的礼品赠送贵宾。

为了进一步加强新编地方志工作的领导，1995 年 6 月，在党中央和国务院的关怀下，由中共中央政治局委员、国务委员李铁映出任中国地方志指导小组组长；中国社会科学院原党组书记、副院长郁文，中国社会科学院党委书记、副院长王忍之和中共中央办公厅副主任、国家档案局局长王刚担任副组长；在指导小组成员中增加了一些省市主管地方志工作的领导同志和各学科的著名专家学者，充分体现了党中央和国务院对新编地方志工作的关心和重视。

1996 年 5 月召开了全国地方志第二次工作会议。李鹏同志在中南海接见全体代表，作了重要指示："新编地方志是社会主义文化建设事业的一个组成部分，一定要认真做好。"李铁映同志在会上作了重要讲话，明确指出："修志工作绝不是可有可无的事，而是各级政府的职责，主要是省、市、县三级政府主要领导同志的职责，是两个文明建设的重要组成部分。"因此，要坚持"一纳入"，即把修志工作纳入各地经济社会发展计划和各级政府的任务之中。要坚持"五到位"，即领导到位，机构到位，经费到位，队伍（特别是职称）到位，条件到位。要坚持党委领导、政府主持、专家修志、三审定稿制度。李铁映同志还指出："方志事业要连绵不断，代代相济"，"一届志书完成之日，就是新一届志书开修之时"。在这次会议之后，国务院办公厅发布了《关于进一步加强地方志编纂工作的通知》（国办发〔1996〕47 号文件）（以下简称《通知》），要求各省、自治区、直辖市人民政府进一步做好地方志编纂工作，为改革开放和社会主义现代化建设服务。《通知》的发布，极大地鼓舞了全国的地方志工作者，有力地推动了全国地方志事业的发展。中国地方志指导小组根据《通知》精神，修订试行多年的《新编地方志工作暂行规定》，制定了《关于地方志编纂工作的规定》，经国务院领导同意，于 1998 年颁布施行。这一《规定》的颁布，不仅使本届修志有了统一的规范，而且也为新方志的续修和持久发展奠定了良好的基础。

二 新编地方志的辉煌成果

新编地方志自 20 世纪 80 年代以来，在邓小平理论和党的基本路线指引下，在各级党委和政府的领导下，与我国社会发展和改革开放同步，取得了巨大的成绩。现在，全国除港、澳、台以外的 31 个省、自治区、直辖市都已先后建立了省

（包括自治区、直辖市）、市（包括地区、州、盟）、县（包括自治县、旗、不设区的市、市辖区）三级修志机构，在全国范围内，形成了党委领导、政府主持、地方志编纂委员会组织实施的修志格局。省一级地方志编纂委员会主任一般都由省委、省政府的主要领导人担任，市、县级编纂委员会也由市、县主要领导人担任主任。如此完备和系统的地方志编纂组织机构的建立，是古今中外历史上空前的。这是新编地方志事业能够顺利发展的有力保证。

在地方志编修机构建立的同时，逐步形成一支人数相当可观的修志队伍。现在全国省、市、县三级修志机构的专职修志人员约2万余人，各地先后直接参与修志的兼职修志人员总数在10万人以上。这是一支来自各行各业、具有较高政治和文化素养的修志队伍。这支队伍的主要骨干，是从地方各行各业的专业人员和党、政、文化部门的干部中抽调来的。这些人大多是当地土生土长或长期在当地工作、比较熟悉当地情况、并且与当地各部门联系比较密切的老同志。近年来，又有不少大学本科生、硕士和博士研究生毕业后参加修志工作，为修志队伍增加了新鲜血液。这支队伍在多年修志实践中得到锻炼和提高。目前在专职修志人员中已有2000多人获得高级专业技术职称，在兼职修志人员中则有更多的专业技术人员，其中不乏各行各业知名的专家、学者。

经过20多年的辛勤耕耘，目前，已经正式出版和完稿的新志书，仅省、市、县三级志书就有4000多部，大约40亿字左右。预计到20世纪末、21世纪初，将完成编纂新志书6000部，总字数在50亿字以上，超过我国历史上志书的总和。实际上，这些年来，各地在编纂三级志书的同时，各种专业志、部门志、厂矿志、企业志、乡镇志、学校志、江河志、名山志、湖泊志等等，以及地方综合年鉴的编纂，也纷纷开展起来。已经出版的各类专志和年鉴的数量比三级志书还要大。各地区在编纂新志书的过程中，十分重视各种地情资料的搜集，广泛发动群众，对本地的自然环境和社会状况进行全面、系统的调查研究；对旧方志和其他历史文献及档案资料，进行认真的普查和整理。各地在三级志书编纂过程中，搜集的资料与最后成书出版的字数，一般为二十比一，多的达一百比一，甚至几百比一。按最低估计，本届修志，各地所搜集和积累的资料，至少在500亿字以上。数量浩大的资料，不仅为新方志的编修提供了坚实的基础，而且本身就是一项巨大的可供开发和利用的地情资源。目前，许多地方，正在利用地方志书和修志过程中搜集的大量资料，建立常设的方志馆和地情资料信息库，运用现代化的手段进行管理，为全社会提供信息服务。

三　新方志与旧方志的不同和进步

新方志与历史上旧方志相比，在内容和形式上都有很大的发展和进步。

新方志的时间跨度和内容广度超过历史上的旧志书。历史上的旧志一般来说主要是从横断面上反映当时各方面的事物；本届新方志不仅主要记载当代事物，而且是以全新的观点和角度，通贯古今，全面、系统地记载各地的自然环境和社会状况，着重反映我国近百年来各地方的历史和现状，特别是1949年新中国成立以来的政治、经济、文化、军事、教育、科技等方面的发展变化。可以说是我国全面、系统的地情书和国情书，被誉为"地方百科全书"。

新方志在观点和指导思想上无疑超越了历史上的旧方志。新方志坚持以马列主义、毛泽东思想和邓小平理论为指导思想，体现了鲜明的时代特色。新志书的记载，坚持实事求是的思想路线和"存真求实"的原则，既记述我们事业和工作中的胜利和成绩，也如实地记述我们的挫折和失误。努力使新方志做到思想性、科学性和资料性的统一。

新方志在体例结构上既继承了旧志的优良传统又有所发展和创新。我国传统的旧方志，在长期的发展中因形成了自己独特的体例：记、志、传、图、表、录等编纂形式而有别于其他著述；新方志在继承旧志传统的基础上，有了新的发展。在篇目结构上合理地将述、记、志、传、图、表、录诸体综合运用于编、章、节、目不同层次。旧志体例上的缺点在于机械地分割了志书记述的内容，使各门类的事物孤立静止而缺乏联系；新志在体例上和结构上讲究科学性和整体性，各门类的划分从现代社会分工和科学分类的实际出发，并且体现各门类之间的相互影响和逻辑关系，使整部志书成为编排有序、紧密相联的有机整体。

新方志所记载的内容重点与旧志不同，内容深度也超过了旧志。旧方志受传统的"重道轻艺"观念影响，历来"重人文而轻经济"，而且记载多罗列现象，比较琐碎；新方志全面系统地记载地方的自然环境和社会人文状况，特别重视对社会生产和经济活动的记述，并且注意揭示生产力与生产关系的相互联系和发展变化。旧方志通常是"一部志书半人物"，记载大量职官名宦、孝子烈女；新方志根据经济活动是人类社会活动的基础，为了更好地为社会经济建设服务，尤其重视经济部类的记述，一般经济部类的内容占较大的比重。

新方志的功能和应用性有了重大的发展。历代修志，从客观上讲主要是为朝廷统治和地方官吏及士绅服务，旧方志的功能大体概括为"资治、教化、存史"六个字；而新方志的功能和使用范围发生了很大的变化，除了对以往所说的"资治、教化、存史"的内涵和外延有了新的解释外，主要是志书的使用范围已经从为统治阶层服务，扩展到为全社会各个阶层服务。正如李铁映同志指出的，"用志是新时代方志事业的新特点、新发展"，"用志的方法要改革，各地和方志界要大胆探索"。事实证明，新编地方志对于我国社会主义两个文明建设已经发挥了十分积极的作用。

四　新方志的功能和应用

1. 地方志为发展地方经济建设服务。

历代地方志中记载了不少关于气象、自然灾害、矿藏、物产、水利等方面的珍贵资料。从 20 世纪 50 年代起，我国科研机构和政府有关部门，将这些资料集中汇编成《祖国两千年铁矿开采和锻冶》《中国古铜矿录》《中国古代天象记录总集》《中国地震历史资料汇编》等资料集，对我国经济建设有重要的参考价值。在 1998 年我国长江和松花江流域发生百年不遇的特大洪灾时，湖北、湖南、江西、安徽、黑龙江等省修志机构很快将当地气象变化和水涝灾害的历史资料集中起来，并且将新编的《水利志》《地理志》《卫生志》等向省委、省政府及抗洪抢险指挥部及时提供，发挥了重要的参考作用。

我国的四化建设要按照我国的国情来规划，各地的经济建设同样要根据各地的具体地情来安排。地方志为各地提供了比较全面、系统的历史和现实状况的资料，这些资料对各地的领导干部进行科学决策有很重要的价值。有的领导干部说："志书有利于我们把握从昨天通向今天的历史走向，选择从今天迈向明天的最佳道路。""志书有微型档案库之便，一册在手有省时致用之功。"黑龙江鸡东县地处偏远，经济比较落后，当地领导从县志中获得发展经济的线索，开发了本地的大理石矿，一跃而为名闻遐迩的百强县之一。望奎县根据县志记载的资料，试育瘦肉型猪取得成功，现在已经成为全省瘦肉型猪生产基地。海伦县从志书中捕捉到信息，1994 年开始种植辣椒和菇娘，获得成功，拉动搞活了一方经济。伊春市是有名的"红松之乡"，由于过度采伐，近年来森林覆盖面积大幅度减少，使该地赖以生存的林木业面临资源枯竭的困境。当地的干部根据志书记载的资料，有效地开发了铅锌矿和辉长岩矿，为本地找到了新的经济增长点，为第二次创业、发展替代产业闯出一条新路。类似的事例全国各地都很多，不胜枚举。

2. 地方志为自然科学和社会科学研究提供重要资料。

地方志中记载的各地自然和社会情况的资料远比一般正史记载的丰富和翔实，它可以为各门学科研究服务。正如胡乔木同志指出的："地方志的价值，在于它提供科学的资料。"例如，旧志中对天文的记载比较丰富，北京天文台从众多地方志中摘录了数百万字的天文资料，汇编成《中国天文资料汇编》。我国著名天文学家徐振韬、蒋窈窕夫妇，利用地方志中有关天象的记载，查找到二三十条关于 17 世纪太阳黑子活动的资料，对太阳黑子活动衰落期"蒙德极小期"的论证，取得了突破性的成果，引起国际天文学界的注目。在史学研究方面，我国历代地方志中保存了大量农民斗争的史料，我国当代的史学家从明代万历《新昌县志》、嘉靖《温州县志》及浙江、江苏、江西等省许多方志中找到宋代方腊起义的资料；从明代《栾城县志》中找到白莲教首领韩林儿起兵抗元的史料；从陕西、河南等省的大量方志中找到明末李自成起义的史料；在江浙和两广的志书中找到有关太平天国革命的史料。在其他科技、建筑、民俗、社会生活等各方面，地方志的资料都极其丰富，可以为科学史、建筑学、民俗学、民族学、经济学等学科的研究提供宝贵的资料。

1993 年，中国地方志指导小组邀请社会科学院的部分著名专家、学者座谈对新编地方志的总体评估。他们认为：新方志系统地记录了我们这个时代，记录了各地的自然环境和社会情况，对于了解我国的历史情况和现实国情有很重要的意义。有的学者说："以往社会科学研究有一个很大的缺陷，就是缺乏量化。这次新编地方志把每个地方的具体情况，从经济结构到社会结构所发生的变化情况调查清楚，形成系列，就能使经济史和社会史的研究建立在真正科学的基础上。这将会给整个社会科学及其分支学科的研究带来一场革命性的变革。"

3. 地方志为发展旅游事业和繁荣文艺创作提供丰富材料。

各地方志中一般都详细记载当地的名胜古迹。在唐代，韩愈过韶州时，曾借阅志书，以为观赏当地风光之引导。他的诗作中写道："曲江山水闻来久，恐不知名访寻难；愿借图经将入界，每逢佳处便开看。"明代伟大的地理学家和旅行家徐霞客，用 30 多年时间，步行 10 余万里，遍游我国的名山大川，以日记的形式把每天旅行观察所得记录下来，写成一部 60 余万字的《徐霞客游记》。他在整个旅游过程中，都随身携带志书以作导游之用。我国著名作家茅盾先生担任文化部长时，曾建议从地方志中汇编名胜古迹资料，为发展旅游事业服务。他说："我国地方志书，源远流长，种类繁多，志书搜罗材料之广博，超过正史、野史、前人笔记之所记载，似可组织人力，即以地方志中适合于旅游者之多方面兴趣而引人入胜者，编写导游指南。"此外，地方志在创作历史小说、剧本等方面，也都能发挥一定作用。如《李自成》《阿诗玛》《望夫云》等著名小说、剧本的创作，都查阅和参考过大量地方志书。

4. 地方志为爱国主义教育提供乡土教材。

我国地大物博，美丽富饶。强烈的爱国主义感情一直是维系伟大祖国兴旺发达局面的巨大力量。在建设有中国特色社会主义现代化强国的今天，对全国人民特别是青年一代进行爱国主义教育尤为重要。爱国主义的主要内容，是对祖国土地、人民、甚至一草一木都怀有深刻的眷恋和真挚的爱，对祖国和民族的命运至为关切，为了民族的独立和祖国的统一富强，忘我地工作和战斗，甚至不惜牺牲自己的生命。在历代地方志中，记载了这方面的大量资料，为进行爱国主义教育提供了最好的乡土教材。爱国主义是以爱家乡为基础的，地方志中关于各地方的丰富记载，可以为进行爱国主义教育提供取之不尽、用之不竭的宝藏。在编修新方志的过程中，各地因地制宜，发挥地方志优势，利用方志资料，编写乡土教材、举办巡回讲演、组织地情知识竞赛、制作电视片和光盘等等，开展各种形式的宣传教育活动，收到了良好的效果。

5. 地方志为改革开放和促进海内外交往发挥重要作用。

近 10 多年来，地方志的编修为改革开放服务的事例随处可见。例如，上海市在开发和开放浦东过程中，利用地方志资料编写《上海大观》和《浦东大观》，江泽民同志还特为之题写书名。川沙县一位曾任国民党将领的台胞看了新编《川沙县志》，打消了顾虑，派亲属回大陆探亲和投资。福建省沿海许多县、市志书编成出版后，受到海外侨胞的广泛欢迎，争相购买和传阅。苏州市东山镇编写《洞庭东山志》，在海外华侨、华人和台胞中产生广泛的影响，许多人回国观光和投资，不找侨办或主管经济的部门，而先找方志办咨询和联系。许多外商在各地投资、办企业、谈判项目中，新编地方志成为了解市场和投资环境的具有权威性和令人信服的资料。

新编地方志不仅有重要的现实意义，而且有长远的历史价值。随着新编地方志事业的继续发展，对于新方志的应用和使用价值，还需要我们去不断研究和进一步开拓。

（原载《中国新编地方志二十年》，方志出版社 1999 年 10 月出版）

郁文小传

苏世生　任知恕　郭若元

　　如果把中国科学院的历史划分为六年初创、十年发展、十年动乱，以及 1977 年以来的改革开放时期，那么，郁文是跨越这四个时期的科学院几位领导干部之一。他从 1953 年初到院，至 1982 年春调离，连续在中国科学院工作三十年。在历届院党组和院长领导下，他先是分管政治工作，后又分管科研业务和行政后勤工作。郁文把自己一生中最美好的时光奉献给了科学院。

立志为革命奋斗终生

　　郁文，原名孙保安，1918 年 12 月 6 日出生于河北省满城县小马坊村。父孙国庆在外学徒，母早丧，自幼寄养在满城县北关舅父家中。1931 年小学毕业后，升入满城简易师范学校，1934 年随父迁居保定，转入保定培德中学学习，改名孙士哲。郁文的中学时代，正值九一八事变之后，抗日救亡运动先后在各地兴起。距离满城仅二十多公里的河北省省会保定是学生运动活跃的城市之一。1932 年 9 月，保定二师学生领袖曹金月（郁文的一位远亲）被国民党保定行营枪杀，给他以很大刺激，激发了他的抗日救国之志。在满城简易师范学校，他是学生会干部；在保定培德中学，他是学生运动的积极分子，因参加抗日救亡活动被学校当局以"结党营私，复行阴险"的罪名开除学籍。1936 年 3 月，转学到北平学生运动最活跃的中学之一成城中学，改名孙蔚文，一面读书，一面继续参加抗日活动。同年秋参加党领导下的中华民族解放先锋队，任中队长。

　　1937 年 2 月，郁文经同学介绍加入中国共产党，实现了从一个热血青年到无产阶级革命战士的重大转变。卢沟桥事变爆发，郁文与同学一起走上街头，宣传抗战，募捐劳军。北平沦陷前夕，党的关系中断，结伴南下流亡，辗转到达西安。经八路军办事处安排，于 1937 年 10 月 25 日到达向往已久的延安，随即进入抗日军政大学学习，并且恢复了党的组织关系。1938 年 3 月，经组织决定派往苏联学习飞机驾驶技术，但在赴新疆途中遭遇国民党军队阻拦，遂重返延安，进入中央党校学习。在两校学习期间，郁文先后接受了游击战争、政治工作、群众工作、党的建设、中国问题等政治、军事课程的基本训练，体验了革命队伍中的新生活、军民之间的新型人际关系，找到了光明和前途，向往变成了现实。从此，郁文在党的直接领导下，走上了争取民族解放、为共产主义事业奋斗终生的革命道路。

　　1939 年 2 月，原陕甘宁边区政府机关报《新中华报》改组为中共中央机关报兼边区政府机关报，由五日刊改为三日刊。就在此时，郁文被分配到新中华报社采访通讯部工作，开始了他的记者生涯。也就在此时，他改名郁文，典出《论语·八俗》"郁郁乎文哉",以示做一个出色的新闻工作者的愿望。
《新中华报》的办公室在杨家岭,紧邻毛主席的住处。晚饭后,
大家习惯于到延河边散步,常会遇到毛主席。一次,毛泽东信
步走来,同大家一起边走边谈。他说:新闻工作很重要。很多
政治家、文学家都是记者出身。一个好记者、好编辑需要有广
博的知识,大家应当努力学习,在工作中学习。要学习,学
习,再学习。中央主席的教诲和鼓励,使初出茅庐的郁文激动
不已,终生不忘。郁文没有受过新闻工作的专业训练,通过边
干边学,刻苦钻研,使他在新闻战线迅速成长。他又自觉地努
力改造自己的思想,以尽快成为一个优秀的红色战士。毛泽东
《反对自由主义》一文,他一读到就整齐地抄在小本子上,把
十一种自由主义表现背得烂熟,时时刻刻注意克服自由主义和
小资产阶级个人主义。做一个"襟怀坦白,忠实,积极,以革
命利益为第一生命,以个人利益服从革命利益"的共产党员,
这也成为他一生的生活准则。

随着党领导的抗日武装和革命根据地的发展,四开三日刊
的《新中华报》已不能适应形势的要求。1941年5月16日起,
党中央决定:将延安《新中华报》《今日新闻》合并,出版
《解放日报》。一切党的政策,将经过《解放日报》与新华社向
全国传达。《解放日报》每天出版对开一大张。毛泽东题写报
头并撰写了发刊词。中央指派博古为社长,先是杨松后由陆定
一任总编辑。郁文担任了采访通讯科科长。当时的采访通讯部
门既要组织记者采写新闻报道,又要负责建立健全通讯网,组
织处理通讯员来稿,接待群众来访等通联工作,任务繁重。

不久,整风运动开始。《解放日报》的整风运动,主要是
解决党报的办报方针,以及新闻队伍的思想改造等重大问题。

郁文认真学习毛泽东所作的关于整风问题的报告和有关文件，深感自己缺乏革命的实践经验，缺乏战斗烈火的锻炼，需要到抗日前线去经风雨、见世面，进行思想改造。经组织批准，郁文以《解放日报》特派记者身份前往晋西北地区进行采访。1942 年 6 月，他东渡黄河，到达山西兴县，被留在晋西北区党委机关《抗战日报》工作。1946 年 7 月，《抗战日报》改名《晋绥日报》，郁文任采访通讯部主任，兼新华社晋绥分社社长。当时的晋绥地区，正处在反扫荡的残酷斗争之中。郁文积极组建各地方的通讯组织，扩大通讯网，组织撰写新闻报道，为报纸和新华通讯社及时提供了边区军民开展对敌斗争、减租减息和大生产运动的消息。其间，郁文曾陪同中外记者参观团赴晋西北各地采访。抗战胜利，内战又起。为了进一步调动广大农民的革命和生产积极性，中共中央决定普遍深入地开展耕者有其田的土地改革运动。1947 年春，郁文奉命率领工作团赴山西崞县（现为原平县）、代县地区，发动群众，进行土地改革，发展生产，动员青年参军和支援前线等群众工作。战略反攻，进展十分迅速。1948 年 5 月华北野战军攻克临汾，晋南全部解放，郁文被派往临汾创办《晋南日报》。

　　一年后，陕西西安解放，他被调往西安任市委宣传部副部长，负责筹办《西安日报》。报纸尚未出版，新疆和平解放，郁文又被派往迪化（今乌鲁木齐）接管《新疆日报》，任报社党委书记，兼省文化教育委员会副主任。1951 年秋，郁文调任中共中央新疆分局宣传部副部长，参与领导新闻宣传工作。新闻工作是党的宣传工作的重要组成部分，其影响之快、之广、之深是其他宣传手段所无法代替的。在革命战争和新中国成立之初的十几年里，郁文一直奋斗在新闻宣传战线上，从一般工作人员到部门负责人，到报社和中央分局宣传部门负责人，逐渐成长为一个成熟的新闻宣传工作者。

走向科学战线

1952年底，经中央决定，正活跃在新闻宣传战线的郁文被调往北京中国科学院工作。这是他一生中又一次重大转折。

中国科学院建院三年，在郭沫若院长和院党组领导下，在接收、调整和建立科学研究机构，团结全国科学工作者，扩大科研队伍，组织开展科学活动等方面做了大量艰苦的工作。科技人员通过学习和政治运动，增加了对社会主义和共产党的了解，提高了为国家建设服务的积极性。全院工作人员发展到五千多人，构建起了新中国国家科学研究中心的雏形。

1953年初郁文来到北京时，新任中国科学院党组书记、副院长张稼夫也刚到科学院上班一个多月。此前，张稼夫是中共中央西北局常委兼宣传部长，长期在西北地区从事党的工作和宣传工作（抗战前曾在上海的中央研究院社会科学研究所做过研究工作）。他是郁文过去的老领导，被视为"谆谆良师，净净益友"。郁文进入科学院大门所上的第一课，就是张稼夫给他的四点提示：第一，要尊重科学，尊重科学家，爱护科学家，为科学研究工作创造有利条件；第二，科学无止境，科学家是能人，自己不懂的事不要装懂，没有把握的事不要瞎指挥；第三，在科学院做党的工作，切忌以党代政、党政不分，要注意多听取科学家的意见；第四，做到谦虚，诚恳待人，能关心人、帮助人才能团结人。在这些党对科学工作的指针的指导下，郁文迈开了在科学战线工作的第一步。

郁文初到科学院，担任院党组成员、办公厅副主任。当时的办公厅，除科研计划、编译出版之外，统管着所有各项行政业务管理工作，文秘档案、人财物、基建后勤等等都归属办公厅。郁文除参与厅务活动，主要分管人事工作和宣传教育工作。1954 年单独设立人事局，郁文出任局长。1955 年分设干部局和干部培养局，他任干部局长。1955 年 9 月起，他兼任院机关党总支书记；不久建立机关党委，他兼任党委书记。他还是院工会筹委会主席和院工会副主席。1956 年张劲夫到院接替张稼夫主持工作之后，他任党组成员、副秘书长，继续分管政治工作、人事教育工作和京区党务工作。1965 年建立中国科学院党委，郁文任党委委员兼政治部主任，直到"文化大革命"。

郁文在科学院工作的前十四年，是党在中国最大的科研机关创建党的系统，确立和不断改善党的领导，开展政治工作和思想工作，保证科学研究顺利前进、高速发展的过程。郁文在这个过程中，在院党组和院长领导下，发挥了自己的作用。

贯彻新中国第一个科学政策纲领性文件

为使科学院的工作更快适应国民经济有计划发展的需要，中央先后决定：派出访苏代表团学习苏联科学院的工作经验；系统检查总结本部门工作，提出今后工作的意见。这些活动的集中成果就是产生了《中国科学院党组关于目前科学院工作的基本情况和今后工作任务给中央的报告》，以及中共中央对科学院党组报告的批示。这个文件被视为新中国第一个关于科学政策的纲领性文件。

1953 年 2 月由张稼夫、钱三强率领中国科学院代表团赴苏联科学院访问；四五月间，由副院长带队，对华东和北京地区各研究所进行了建院以来第一次大规模、全面系统的工作检查。郁文参加了北京地区科研机构的工作检查，直接了解了部分基层单位的业务、组织和人员、思想状况。

在此基础上，院党组就报告内容进行过多次讨论。院务常务会议也就今后工作意见作了认真研究。在中国科学院上级领导机关——中共中央宣传部和政务院文化教育委员会的指导和直接参与下，又经过分组召开所长会议，具体研究各所各学科的研究方向和任务，最终于11月19日由院党组正式向中央提出了工作报告，前后历时半年有余。

在中共中央政治局讨论通过院党组的报告之后，1954年1月，郭沫若院长就这个报告的基本内容向政务院政务会议作了《关于中国科学院的基本情况和今后工作任务的报告》，并得到批准。3月8日，中共中央作出批示并将科学院党组的报告转发各地方党委、各部门党组；3月26日《人民日报》全文发表郭沫若的报告，并配发了"发展科学事业，更好地为社会主义建设服务"的社论。从而，这一报告传遍全党和全国，成为以后指导科学院工作乃至全国科研和教育机构工作的一个重要政策性文件。

在党内党外普遍开始学习这个文件之后不久的1954年4月，院务常务会议和院党组决定，全院各单位和各单位党组织，要深入学习贯彻中央指示和报告精神，普遍进行一次执行党的政策情况的检查，认真写出总结报告，并在9月召开会议进行讨论总结。那时，从上到下严格实行党政分开的原则。由于当时党的工作大多依托在人事部门，党员骨干多数分布在人事系统，因而行政上称这次会议为中国科学院第一次人事工作会议，党内则称为党的工作会议。会议的筹备工作和组织工作由郁文主持进行。筹备工作主要是三个方面。一、推动和帮助基层单位做好检查和总结。为此人事局组成检查组分赴东北和华东各所去了解情况，指导工作。郁文带队去了北京各所。二、起草和修订各项人事管理制度，共有十几项。三、起草院党组在会议上的报告，由郁文主持完成。

首届人事工作党的工作会议于1954年9月如期在北京召开。出席会议的有京区、东北和华东各单位党员干部148人。党组书记张稼夫为会议作报告和总结。这次会议以中央批示为指针，对党的工作中存在的实际问题，反复作了分析研究。通过会议主要解决了三个方面的问题：一、会议就中央对科学院党组报告的批示，做了很好的研究，从上到下对党的政策领会得更深了一步。特别是对于团结科学家的政策，有了比较明确和一致的认识。二、对于科学院党的工作必须结合科学研究机关的特点进行工作，有了统一的认识。三、对科学工作在国家建设中的作用，以及党在科学研究机关中工作的作用和意义有了进一步认识。

现在重读会议的文件，给人的一个突出感觉是，一切从实际出发。解决思想认识问题从存在的模糊认识和错误思想入手，通过表现深入到根源，不是空讲道理，泛泛议论；解决工作问题从实际状况出发，不提什么漂亮口号和不切实际的要求。比如就研究所党支部起什么样的作用问题，院党组根据当时党员不多而分布又很不均衡的状况提出，应依据具体条件，而不是一般地笼统地规定研究所党支部是什么性质的（即：起领导作用还是起保证作用）。会议文件给人的另一个突出感觉是，严肃而又尖锐的批评与自我批评，毫不含糊，毫不吞吞吐吐。报告和总结都用大量篇幅揭露和分析了科学院党的工作中的缺点错误，充分体现了党的优良传统作风。

组织科学工作者学习马克思主义

早在1950年6月政务院文化教育委员会在关于中国科学院基本任务的十条指示中，就规定："加强研究人员的政治学习，俾能把握马列主义的观点和方法。"1951年9月，中宣部兼文委秘书长胡乔木又对自然科学工作者为什么需要学习马克思主义的问题作了全面的阐述。他指出：

> 一、自然科学规律本身没有阶级性。而人对自然现象的科学发现、发展和应用是社会现象，不能免于阶级社会、统治者的影响、支配、利用、破坏和压迫。我们研究自然科学，而对自然科学的理解、描写、观察以及对自然科学的哲学的解释亦受到阶级社会的影响。为了要充分正确地了解这些方面就不能不学习马克思主义。二、研究自然科学的方法，马克思主义对自然科学是有帮助的。它是科学，就不会不受不同的哲学思想的影响和指导。三、最重要的一点，是它能指导科学工作者体会自己当作存在在社会上的一个人来活动、工作。马克思主义给我们以重要的不可须臾离开的指导。

这样，在思想改造运动之后，帮助科学工作者系统学习马克思主义就成为科学院党组织的一项重要任务。郁文一到科学院就分担了这方面的组织领导工作。

　　就科技队伍的思想建设而言，20 世纪 50 年代几次统一组织的马克思主义哲学的系统学习，看来是影响最为深远的。学习计划规定，研究技术人员以系统学习辩证唯物主义和历史唯物主义为主要内容，要密切结合本部门科研业务，努力把马克思主义的观点方法逐步用于指导科学研究工作。科学家的学习以自愿为原则，以独立钻研、个人自学为主要方法；中初级研究技术人员的学习，统一制订学习计划，组织系统讲座和答疑，分组进行学习讨论。

　　郁文清楚，组织理论学习的成败，关键在于讲课教师。尽管院内就有哲学研究所和哲学家，最后还是决定邀请当时高级党校哲学教研室主任、副校长艾思奇为科学院工作人员讲授马克思主义哲学课程。郁文在延安时期就同他相识。他长期从事马克思主义哲学的研究和宣传教育工作，注意把马克思主义哲学通俗化大众化，是马克思主义哲学初学者和研究者的一位难得的好老师。许多科学家主动去听他讲课。20 世纪 50 年代在科学院工作的老中青三代人大多听过艾思奇讲授的哲学课程或读过他的讲稿。

　　到了 20 世纪 60 年代，思想建设以组织学习毛泽东著作为主。在学习上要求强调联系实际掌握毛泽东的哲学思想，注意从根本上解决世界观和方法论问题，反对学习中的简单化、庸俗化倾向。1964 年 11 月《科学报》发表了郁文执笔的社论"认真学习毛主席著作"。他指出：毛泽东思想是马克思列宁主义在当代的光辉发展，毛主席著作具有高度的理论性和严密的科学性。不管做什么工作，都应该认真学习毛主席的著作，努力掌握毛泽东思想。郁文针对有些科技人员在学习中存在的问题，作了细致的分析，强调必须贯彻理论联系实际的学习方法，以努力提高自己的思想水平和认识问题的能力。他指出：运用学用结合的方法，最好学会用毛泽东思想来检验自己的思想。对国际问题、国内问题也好，对政策问题、工作问题、思想问题也好，毛主席是怎样说的，自己是怎样认识的，有何不同，对在哪里，错在哪里，要开动脑筋，好好想一想。这样一个问题一个问题地学，一次一次地学，由少到多，由低到高，由个别问题到相互联系着的各个问题，天长日久，自己的思想水平就会逐渐提高起来。

通过学习马克思主义哲学和毛泽东哲学思想，涌现了一批愿意参加研究自然科学哲学问题的自然科学家，推动了我国自然辩证法的科学研究。更多的人在不同程度上掌握了马克思主义的世界观、认识论和方法论，努力应用到本门科学研究和各项实际工作中去，提高了自己的思想水平、政治水平和领导水平；用于观察社会和世界，同共产党有了更多的共同观点、共同语言、共同目标，愿意与人民同甘共苦，为社会主义事业贡献自己的力量。其中不少人先后加入了中国共产党。马克思主义在中国科学界的普及运动，造就了一代又一代懂得马克思主义，信仰共产主义，拥护中国共产党，自觉地以唯物论辩证法指导科学研究工作的科学工作者。

充实党员骨干　加强党的工作

人事工作的基本任务就是选人、用人、培养人。郁文常说：没有合适的人，什么事情也干不成。

1953年11月在院党组给中央的报告中提出的请中央帮助解决的几个具体问题里，第一项就是请中央调给科学院20个相当于司局级或地委级以上的党员干部，充任研究所的行政副所长，以加强党的领导。1954年人事局一成立，郁文就在工作纲要中明确提出，充实各业务单位的党的骨干，是当前工作的重要环节。商请中央人事部门为各单位逐步配齐行政副所长、办公室主任及处长级干部，以加强思想、政治、业务和行政工作的领导。

在以后的四五年时间里，郁文除遇有机会就口头争取之外，每年都向中宣部、中组部、国务院二办提出请调党员领导干部的报告，要求调派的数量也逐年增加。抽调申请一开始主要面向中央部委和一些地方，指名或不指名地要求抽调具有相当大学文化水平、善于在知识分子中进行政治思想工作的党员干部。1956年中组部曾同意为科学院抽调两批共95位领导干部。虽经反复争取，但大部分未能落实。后来，抽调申请转而主要面向部队要求调配转业军官。1957年前分配到院工作的转业军官近千人。1958与1959两年又有2000人。其中师以上干部62人，团级干部289人；党员占76%；抗日战争时期及以前入伍的占30%。据1959年底统计，他们之中84%担任行政干部，其中担任局处级职务的有368人。

业务管理干部则主要从科技人员中选拔，一批批政治上强、业务上好的中青年科技人员充实到业务管理岗位。许多人既在管理工作上发挥了重要作用，又在科研工作上做出了显著成绩。

到五十年代末，科学院各单位普遍建立了一支比较强有力的政治工作和业务行政工作的干部队伍，成立了各单位党的领导小组和机关党委。党对科学工作的领导，不仅在政治上，而且在各个行政业务工作部门，全面确立起来。从1960年开始，院党组通过每年一度由各单位党的负责人参加的党组扩大会议，实施对全院工作的有效领导和指挥。党在科学院工作中的领导地位和作用空前巩固和扩大，党的方针政策的贯彻，从上到下畅通无阻。1961 年起贯彻《十四条》和《七十二条》，迅速调动科技人员和全院人员的工作积极性，而且工作热情比过去有过之而无不及，就是在院党组和各单位党组织的领导下实现的。

1964 年 1 月，郁文在党组扩大会议的报告中，曾经回忆了建设党的干部队伍、加强党的领导的过程。他说，科学院建院初期，党员干部很少，全京区只能建立一个党支部。研究所连党支部也没有，何谈党的领导。1955 年底成立院机关（京区）党委，这时党员数量刚刚超过 500 人。对研究所党支部的作用，我们当时的要求是，能多管就多管，不能多管就少管；能多保证就多保证，不能多保证就少保证。那时对如何领导科学工作大家都没有什么经验，就是遇事多请示，多找人商量。我们主要就是抓住团结科学家这条大政策，总算没出什么大问题。1956 年知识分子会议之后，在党中央领导下搞十二年科学发展规划，科学院起了重要作用，四大紧急措施（即发展计算技术、半导体技术、无线电电子学和自动化技术的专项措施）由科学院带头组织实施，这使更多人相信发展科学事业需要党的领导。1957 年大讲外行领导内行，不想党领导"大跃进"碰了钉子。接着坐下来深入总结十年来的经验教训，有了《十四条》《七十二条》，有了一套比较符合自己情况的发展科学事业的方针、政策、方法。在实践上有了一定经验，认识上有了飞跃，组织上也有了保证，并得到科学家真心实意的拥护，只有基于这样的前提，才可以说在科学战线真正确立了党的领导。

广泛吸收人才　壮大科研队伍

　　发展国民经济的第一个五年计划的实施，需要科学研究工作的有力支援。计划要求大力发展科学研究事业，提高科学技术水平。国家计划规定，中国科学院所属研究机构将增加 23 所，研究人员增加 3400 人。这些任务均顺利完成。

　　研究人员的来源，当时主要有两个途径：高中级研究人员主要靠争取国内外科学家和回国留学生来院工作，初级研究人员主要靠国家统一分配大学毕业生，在工作岗位上培养出新一代科学工作者。争取科学家和留学生壮大队伍，不仅是干部部门的一项重要工作，院长、书记对此都很重视，有时亲自做工作，许多科学家也热心推荐并帮助做动员工作。在中央关怀和教育部等有关部门积极支持下，一批又一批新回国的和原在其他岗位工作的科学家聚集到科学院，充实了科研力量，扩大了研究领域。20 世纪 50 年代，主要依靠曾经留学欧美、有博士学位、有科学研究经验、新中国成立前或成立后回国的科学家主持指导科研工作；到 60 年代，派往苏联和欧洲国家的留学回国人员七百余人加入科研队伍，成为许多新兴科技领域的中坚力量。

　　国内大学毕业生是壮大科研队伍最主要的来源。在大学生供不应求的情况下，为争取多接收一些大学生，争取择优选拔一批大学生，郁文组织干部部门作了坚持不懈的努力。1953 年到 1957 年期间，共接收大学毕业生 3492 人，补充科研队伍。从 1958 年到 1964 年，接收大学生共 15067 人，达到平均每年

2100 人的规模，但部分学生素质一般。这是造成七八十年代"两头小、中间大"（即高级人员和初级人员都少，而中级人员很多）的不合理结构的基础，纠正这种不合理结构难度很大，非始料所及。

鉴于科研队伍需要补充经过初步研究工作训练的优秀青年人才，借鉴苏联科学院的经验，1953 年下半年开始酝酿招收研究生事宜。1955 年 8 月国务院会议讨论通过"中国科学院研究生暂行条例"，随即开始公开招收首届研究生。条例规定，研究生的招收对象主要是有两年以上实际工作经验的大学本科毕业生，应届毕业生成绩优异者需经院校推荐；研究生学习期限为四年。毕业通过论文答辩，授予科学副博士学位。毕业后由政府统一分配工作。由此开创了我国独立科研机构招收和培养研究生的先河。

为实施研究生的招收、培养、分配等统一管理工作，在院务会议之下设立了以吴有训副院长为召集人、由郁文等 13 人组成的招生委员会（1962 年改组为研究生委员会）；在干部部门设立研究生处，负责管理日常事务。在郁文的主持下，研究生制度的实施经历了一个艰难的启动和发展过程。1955—1957 年先后共招收研究生 343 人，大部分转为工作人员或延长学习期限；1958—1959 年停止招生；1960—1961 年改由国家分配应届大学毕业生做研究生，共 352 人；1962 年经过科学院积极建议，国家决定从大学毕业生中通过考试优先选拔研究生，招生工作开始顺畅起来。1955—1965 年间，共招生 1477 人。毕业研究生的质量一般是好的，不低于苏联培养的候补博士水平。

1956 年中央提出向科学进军的号召和第一个科学发展长远

规划的实施，到处需要科学人才，大学生来源更显不足。1957年院党组决定，利用自身人才优势，创办一所新型大学，自行培养科研急需的大学生，以缓解供需矛盾。1958年6月，这一建议得到中央批准。具体建校事宜由郁文主持进行，后来他成为中国科技大学第一任党委书记。

创办科技大学实行全院办校、所系结合的方针，系科设置以当时高等学校缺少的新兴前沿科技领域为主，实行理工结合、教学与科研结合，为科研发展提供高水平、又红又专的人才。最初设立原子核物理和原子核工程、技术物理、化学物理、物理热工、无线电电子学、自动化、力学和力学工程、放射化学和辐射化学、地球化学和稀有元素、高分子化学和高分子物理、应用数学和计算技术、生物物理、应用地球物理等13个系（后又增设科技情报系），分别由有关研究所组织教学和科研活动。在中央关怀和院内外大力支持下，从批准办校、准备教学条件、公开招生，到1958年9月20日正式开学，仅仅用了100天时间。

最初几年，郁文为办好科大倾注了很大心力。他坚持办校方针，按照三年打基础、五年成型的目标，团结全校师生员工艰苦奋斗，辛勤创业。他重视党的建设和政工队伍建设，积极推动政治思想教育活动，树立良好校风、学风。他经常到校同教职工和学生谈话，还抓住机会邀请老一代革命家到校作报告，聂荣臻、陈毅都不止一次到校并讲话。

学校成型以后，从1963年春起，郁文不再兼任学校党委书记。但是，他依然分管全院教育工作，关心科大建设，帮助学校端正方向，统一认识，加强团结，共同奋斗。

大发展与大调整的经验教训

1958年，"大跃进"之风吹遍全国，全党全民大办科学，科学院自然也要鼓足干劲，力争上游，不能充当"观潮派"。总的来说，"大跃进"是不成功的，给国家建设事业的发展带来重大困难与损失。而"大跃进"作为破除迷信、解放思想的一次思想解放运动，对我国科学发展的积极影响也是巨大的。"大跃进"的得与失，在不同领域、不同方面有着不很相同的复杂情况。

"大跃进"与随之而来的大调整，像郁文说的那样，在干部工作方面集中表现为人员的大进大出。1957年全院工作人员1.7万人，到1960年增长到5.7万人。由于贪多贪大，战线拉得过长，人员发展过多（特别是转业义务兵吸收过多），而且部分人员质量不高，结构比例失调，带来了一系列矛盾，连吃饭睡觉都成了问题。1960年下半年，在中央八字方针指导下开始进行精简。对减人，院党组确定了"两保两减"原则，即保主业（科学研究）人员，减辅业（教育培训、生产试制、行政服务）人员；保骨干人员，减一般人员。到1962年底，院直属机构减至2.8万人。五年间进四万、出三万，这样大规模的人员流动，在科学院历史上是绝无仅有的。

大调整在教育与培训工作上则表现为大上大下。1958年一哄而起，先后办起了19所大专院校，15所中专学校，16个物理训练班，20多个其他训练班，学生人数最高达到1.2万人。1960年4月召开的科学院第二次人事工作会议，也称干部培养工作会议，是在要求实现更快速度、更高水平、更大规模跃进的气氛下举行的，因而带有鲜明的"大跃进"色彩。没过几个月，风云变幻，精简开始，最后除保留中国科技大学一所高校之外，全部陆续停办。

在精简调整过程中，不仅离开的人思想抵触很大，留下的人包括许多领导干部思想抵触也很大。经过反复的深入的思想工作和细致的组织工作，解开思想症结，作好安排，收到了积极效果。总的看，在这一大变动中，工作比较平稳，做到了退而不乱。

对大发展与大调整的成败得失，郁文在 1962 年第三次干部工作会议上做了初步总结。他指出：四年来的工作，既有正面的成功的经验，也有反面的失败教训，需要我们认真地加以研究总结。

几年来的成绩和进展是：科学队伍发展壮大了。全院直属机构现有 2.8 万人，比 1957 年底增长 1.3 倍（注：此系剔除机构调整因素后的修正数字）。电子学、计算技术、自动化、半导体等方面都有了一支相当力量的科技队伍，其他一些薄弱学科也有了很大发展。队伍的组成结构更趋合理。1962 年与 1957 年相比，科学研究人员增加 155.9%，助理业务人员增长 70%，行政人员增长 69.5%，特别是技术体系的建立对保证科学事业的发展有重要作用。科研及管理队伍的质量提高了。我院工作人员中，共产党员的比例从 1957 年的 11.6% 增加到 1962 年的 16.7%。全院直属研究机构不仅都配齐了党政领导干部，并已有 31 个科学家所长、副所长入了党，有 32 个研究所有了科学家党员所长、副所长。高级研究人员增长了 11%，中级研究人员增长了 170%，大量优秀青年科学工作者涌现出来。通过自办教育培养了万余名大专和中专生。各研究所为地方和部门培养了万余名进修实习人员。

这几年工作中发生了严重的缺点错误，积累了深刻的经验教训。有的是好事办过了头，变成了缺点错误；有的则是片面地强调了事物的一个方面，因而虽然这一方面取得了成绩，而另一方面则造成了损失；或则是从良好的愿望出发，但采取了错误的方法，结果事与愿违，适得其反；当然也有官僚主义和思想作风上的问题所造成的。主要表现是：

第一，人员发展得过快过多，与国家经济条件和我院实际条件不相适应，注重数量，忽视了质量。

第二，对干部缺乏系统的认真的管理。客观困难是几万人大进大出，主观上的问题是没有对各类干部进行深入全面的考核了解和管理工作，以及思想方法和工作方法上的严重片面性。

第三，对有计划地培养干部重视不够。一度认为研究生制度可有可无，选派留学生没有必要。对在职人员片面强调边干，忽视边学；强调"三敢"，忽视"三严"；强调"单刀直入"，忽视基本训练；强调对青年大胆使用，忽视科学家在业务上的指导作用；强调在工作中培养，忽视系统的基础知识和专业知识、外语水平的提高。

第四，在挑选配备干部方面，以及在总结经验、建立必要的干部管理制度上，也都存在问题。

事情总是一分为二的。大发展显然冒进了，而大调整也被迫减过了头。实际情况是，全国经济形势一经好转，根据工作发展需要，人员又迅速增加。至1965年，全院工作人员达到六万人。

干部人事管理制度建设

郁文做工作一向很用心，有板有眼，既讲方针，又重方法。在他主持下开展的许多工作，在科学院是有开创性的，为不少工作开了先河。

1953 年秋，为贯彻中央精简机构的号召，由他主持召开了人事（人员编制）工作会议，第一次提出了研究所人员分类和各类人员比例的意见。他在向院务会议的报告中说：这次会议初步将本院人员分为三类，业务人员、助理业务人员和行政工作人员。以业务人员为基础，初步规定了各类人员之间的比例。考虑到研究所规模大小和业务工作需要情况不同，又将研究所进行分类，分别规定了各自的比例基数。他说：四年来，业务人员增加比行政人员增加少。为此，这次精简总的原则是，精简行政机构，紧缩人员编制，紧缩管理层，充实业务人员。会议拟定了四个文件，初步定出各单位精简方案。由此，以合理调整人员结构、提高队伍质量为目标，以控制人员编制和各类人员比例为手段，进行机构人员管理，包括 20 世纪 60 年代的大精简在内，都取得了比较好的结果。

1954 年 9 月召开的第一届人事工作党的工作会议，从人事工作角度说实际上已非首次。在郁文的主持下，通过调查研究，第一次比较全面系统地提出了人事管理工作的规章制度。其中包括：干部（分级）管理实施方案和职务表，任免（聘任）各级工作人员暂行办法及有关事项的规定，人员任用调配暂行规定，人事档案管理暂行规定，高级研究技术人员专长调查表，人员统计报表制度及报表格式与填写说明，调整工作人员工资、包干费方案及工资标准表，工作人员福利费使用暂行办法，高级研究技术人员特殊困难补助暂行办法，保守国家机密暂行实施办法，研究生暂行条例草案等。规章制度的建设，既要符合国家统一规定，又要适应科学院实际情况，工作是有相当难度的。通过这次会议，在干部人事管理工作制度化、规范化方面有了一个新的开端。

1962 年 10 月召开了第三次干部（人事）工作会议，郁文作了关于五年来干部工作情况和今后工作意见的报告。报告总结了"大跃进"以来深刻的经验教训，提出要继续有步骤地对科研队伍做进一步的整顿巩固工作，并有计划地充实提高。要加强对各类干部的管理，加强干部的培养教育，要整顿干部工作队伍，改进工作作风和工作方法，要建立健全干部管理工作的各种制度，通过工作制度的贯彻加强干部管理工作。会议提出并讨论了九个文件：培养研究生工作条例，研究生管理工作细则，在职科学研究技术干部培养条例，研究技术人员升职定职暂行办法，辅助业务人员定职升级暂行办法，关于建立研究技术干部业务考核档案暂行条例，干部管理工作条例，干部分管范围的暂行规定，干部任免暂行规定等。这次会议首次对研究生和在职干部的培养工作作出了明确细致的规定，提出了对优秀科技干部实施重点培养的具体做法。

工资工作一直是在中央人事部门的统一部署下进行的。1954 年开始实行统一的工资制度。通过第一次院人事工作会议讨论，提出了中国科学院各类工作人员工资标准表，并得到批准执行。其中科学研究人员的职务系列和工资标准是同教育部协调拟定的，相互一一对应。研究员（教授）、副研究员（副教授）、助理研究员（讲师）、研究实习员（助教）的职务名称一直沿用下来。值得提出的是，研究技术人员的工资等级中都设有特级，其工资额可以根据个人具体情况提请国务院审查批准确定。历史研究所研究员顾颉刚的工资定为 500 元，高于国家领导人的工资。这体现了中央对科学技术专家的特殊尊重和关怀。

1963 年七八月间专门召开了一次工资工作会议，安排全院工资调整工作。郁文主持会议并作了《我院当前职工工资情况和今年调整职工工资的意见》的报告。他指出：1956 年全国工资制度改革和 1958 年以来的若干次修订，我院各类职工的工资制度基本上符合按劳分配原则，适合我院科学事业发展需要。1956 年 50% 职工升了级，广大职工工资水平得到提高，但安排得还不够合理。1957 年以后基本上没有提高，目前存在很多问题，如实际工资收入下降，工资等级状况不合理，工资标准和工资关系的安排不够合理。这次调资在中央人事部门下达的调资总额和比例的范围内，尽可能解决了最不合理的部分问题。坚持按劳分配，尽可能做到比较公平合理，是郁文主持工资工作的基本思想。

在逆境中坚定不移　抓住机遇奋力拼搏

院党组一班人忠诚党的事业，工作兢兢业业，高瞻远瞩，脚踏实地，为中国科学院乃至中国科学事业的发展做出了重大贡献。20 世经 50 年代中期曾有"人心向院"之说。1956—1965 年是党史上称之为"党领导我国社会主义建设在探索中曲折发展的十年"，在党的指导思想上是正确和比较正确的发展趋向与错误的发展趋向交互发生作用的复杂时期。尽管院党组在指导工作上也发生过失误和曲折，而科学院许多同志认为，这仍是科学院发展史上的一个黄金时期。

提到这个时期院的领导工作，不少了解内情的人认为，院党组始终注意从实际出发，实事求是地贯彻执行中央的方针政策，在有疑惑时就更加谨慎，走慢一点，勤请示，多商量。而以科学研究为中心，团结科学家，走群众路线，这些基本点始终没有改变。院党组先是张稼夫掌舵，后有张劲夫（当时科学院唯一的中央委员）指挥，裴丽生等组织领导业务工作，杜润生掌管意识形态和政策宣传工作，郁文分管政工和党务工作。他们政治理论水平高，组织领导能力强，工作思想作风好，使院党组得到全院绝大多数同志的信任和拥护。后来"文化大革命"的炮火长时间集中在"张裴杜郁反党集团"身上，这从反面说明了他们对科学院工作的重要贡献。

"文化大革命"前夕，郁文率团参加山西运城地区农村"四清"运动，时间约 10 个月。

"文化大革命"开始，郁文于 1966 年 6 月回到科学院。按照中央指示和院党组决定，他率领工作组去中国科技大学，希望掌握运动的领导权，不久即撤离。

此后，郁文和许多负责干部一样，经受了连续不断的批判斗争，甚至病中也未能幸免。他被隔离审查三年，其中大部分时间是在"专政队"度过的。1969 年 11 月他被安排到湖北五七干校劳动。劳动创造世界，劳动锻炼体魄，但他也经受了急性血吸虫病的痛苦折磨。直至 1972 年 2 月才获准回北京疗养。

在运动中，郁文坚持学习，检查自己。对涉及自己的事，独自承担责任，从不推诿或连累他人。对批判斗争他很厉害的人，并不记恨。他坚信，运动总有结束之日，总有雨过天晴之时。党的事业、人民的事业总要继续发展下去。即或在他被"开除党籍",被当作"敌人"对待的最困难日子里,也没有动摇过。在逆境中,郁文表现出了一个真正共产党员的应有品质。

1973年1月郁文得到平反解放之后,正值新成立由科学家和管理干部11人组成的科研工作组,他被任命为科研组副组长之一,从此开始转上科研业务管理工作岗位。在那昏天黑地的年代,内乱不止,科研工作遭受严重破坏,想抓科研工作谈何容易。当时,除去那些周恩来公开支持而又符合毛泽东的理论兴趣的研究工作,以及"四人帮"据以沽名钓誉的一些研究工作,如高能物理、数学天文等基础理论工作,以及某些有关国防和生产的科研开发任务等,尚能名正言顺地组织进行之外,基本上依靠基层单位和科研人员自发自觉的艰苦努力。业务组织管理人员和科研人员一样,冒着政治风险从事一些力所能及的工作。1975年在胡耀邦主持下一度出现的全面整顿、系统纠"左"的曙光,曾经振奋了科学院干部群众的精神,焕发了从事科学研究的积极性,但好景不长,很快破灭。郁文也在此时又一次受到"右倾翻案"的审查。只是在打倒"四人帮"之后,才有了继续为发展科学出力的机遇。

1977年1月方毅到院主持工作,郁文随即恢复"文化大革命"前的院党组成员、副秘书长职务,次年出任秘书长,1979年初任党组副书记,直至1982年春奉命调离科学院。在此期间,郁文同副秘书长们一起,负责领导除政治工作之外的各项科研业务与行政后勤的组织管理工作。在院党组领导下,郁文先后配合郭沫若、方毅、卢嘉锡三位院长,组织机关各业务部门,为贯彻执行中央的方针政策,拨乱反正,恢复和发展各项业务管理工作，做出了自己的贡献。

抓规划　抓计划

在计划经济体制下，科学发展的长远规划和年度计划是发展科学技术的重要依据，既具有指导性，也具有指令性，是党领导科学事业的一个主要手段。1977 年 5 月底，中央决定筹备召开全国科学大会，发动群众，向科学技术现代化进军。其中重要内容之一就是要求各地方、各部门制订科学技术发展的八年规划。在郁文的具体组织下，从六月初召开科学院长远规划座谈会起，院部和各研究所先后成立专门班子，开展调查研究，听取科学工作者意见；首先从研究全院的战略设想、奋斗目标和各学科发展的框架设想开始，然后组织编制各分支学科的发展规划，最后再从整体与局部，学科与任务，科研与条件等方面的联系进行综合平衡，适当调整，编制出全院八年规划文件。

考虑到在基础科学方面，中国科学院和高等院校是两支重要的生力军，全国有关的科研力量应当协同作战，才能打好这一仗。为此，经党中央批准，于 1977 年九十月间由中国科学院主持召开了全国自然科学学科规划会议，郁文坐镇指挥。参加这次会议的有中国科学院、高等学校和其他方面的科学工作者与领导干部一千二百余人。大家心情舒畅，热情很高，有的老一辈科学家甚至带着氧气袋前来参加会议讨论。最后形成《全国自然科学学科发展规划（草案）》，包括总纲及各门基础科学与若干新兴学科的全国学科规划。这个规划的纲要（草案）后来成为《全国科学技术发展规划纲要》的一个组成部分，即"1978年—1985年全国基础科学发展规划纲要"。

在编制规划计划过程中，郁文特别注意从实际出发贯彻中央的方针政策，认真研究规划的方法论问题。比如，何谓"全面安排，突出重点"？他认为，全面安排就是要建成一个既有纵深布局、门类齐全，又有我国特色的基础科学的完整体系。所谓纵深布局，就是要有层次。学科也有层次，以解决不同领域的问题。当代基础科学还在继续向微观和宏观两个方向深入扩展。同时，各学科之间又相互渗透，综合发展，往往在边缘交叉的地方异军突起。因此，需要全面安排，建成一个门类齐全的学科体系。关于突出重点，关键是恰当确定选择重点的标准。主要是两条：一是把四个现代化中提出的重大科学问题摆在首位，既有当前急需解决的科学问题，也有战略性的探索性的长远课题。二是突出那些带头学科和带头领域，特别要抓那些可能会引起重大科学突破的、会引起技术革命的学科领域。

郁文还十分注意发挥科学家的积极性，充分发扬民主，依靠科学家和科研管理人员。在学科发展方向、科研项目安排和重大任务选定方面，充分尊重科学家意见，在有矛盾时通过反复协商确定。这体现了党的科研管理干部的群众路线作风，也是科学院历史上一批革命老干部所以能够得到科学家诚心拥护的重要原因之一。这次规划工作，对我国基础科学研究和科学院科研工作的迅速恢复和发展发挥了重要的指导和激励作用。当然，在当时从上到下普遍希望把十年"文化大革命"的损失迅速补回来，尽快赶上世界先进水平的高度热情激荡下，规划本身也存在指标过高、要求过急的偏向。这为以后编制长远规划和年度计划提供了经验教训。此后，郁文特别注意从国家和科学院的实际情况出发，克服"左"的思想影响，处理好需要与可能、科研与条件的关系，并在改革规划计划方法方面，组织计划管理干部进行了多方面探索。

在调整、整顿中前进

拨乱反正的最初两年，大量工作是恢复整顿性质的：恢复业务行政管理机构，调配人员，恢复建立管理工作秩序；遵照邓小平关于"中国科学院研究机构要配套，要建成学科研究体系"的指示，分批回收原来被不适当下放地方和产业部门的研究机构，筹备建立少量急需而又缺门的研究组织等。到1979年初，院属研究机构从65个增加到110个，职工总数8万人，超过了1965年的规模；研究技术工作和各项业务活动普遍开展起来，到处生机勃勃。

迅速恢复和急剧发展带来了许多新问题。郁文深切感到，院部的管理工作跟不上，落后于实际。在中央确定的院的方向任务上，认识不太一致，工作不太得力。一批研究所方向、任务不明，有些工作和产业部门重复。成果数量不少，但多属国内一般水平。计划盘子过大，综合平衡没有搞好。任务和条件脱节，经费、物资、基建、外汇等各项条件全面紧张。全院人员结构不够合理。

中央及时提出了"调整、改革、整顿、提高"的八字方针。郁文积极组织各业务管理部门调查研究，座谈讨论。在许多问题上，党内党外都有不同意见。既有思想认识上的问题，也有小单位利益上的冲突，还有其他一些因素。比如，对有些机构是否应该调整，某些研究方向是否应该收缩，常常出现截然相反的意见。郁文是一个襟怀坦荡的人，有意见总要发表，认为正确的总要坚持。他多年从事政治工作，习惯于听取不同意见，择善而从。1979 年 5 月，在综合分析各方面意见的基础上，在分院工作座谈会上系统地提出了在科研业务工作方面贯彻执行中央八字方针的发言。

郁文提出：这次调整工作的指导思想是，调整、改革、整顿、提高，在调整中前进，在调整中提高。局部上，有进有退，有上有下；总体上，稳步前进。这完全是个积极的方针。我们要大鼓干劲，用革命的精神做好调整工作。当然我们的干劲，不要再用到铺摊子、搞大计划上去，而是要扎扎实实、脚踏实地，通过深入的调查研究，切实解决工作中存在的大量实际问题，充分调动大家的积极性，把大家的力量组织到科研生产上来。

郁文还提出，三年科研业务调整的主要任务是：调整学科发展政策，进一步贯彻侧重基础、侧重提高，为国民经济、国防建设服务的方针；调整引进计划，以自力更生为主，争取引进为辅，积极组织力量，自己武装自己；调整科研机构，充实配套，完善科学研究体系；调整基建投资方向，大力填平补齐，挖潜更新改造，充分发挥现有老基地和老所的作用，稳步地进行新基地建设，并逐步改善群众生活。

改革科研管理，努力按经济规律和科学发展规律办事；改革各项条件的分配办法，考虑采取择优支持的方针；改革计划管理，搞好计划的综合平衡，切实加强重点科研项目的组织协调。

整顿研究所，认真实行党委领导下的所长分工负责制，建立以岗位责任制为中心的一整套规章制度，继续搞好以"五定"为中心的科研整顿；整顿院属工厂，实行事业单位企业管理，严格经济核算。

通过调整、改革和整顿，努力提高科研工作水平，提高职工的思想和业务水平，提高管理水平，多快好省地出成果、出人才，为实现四个现代化多做贡献。

他还分别就进一步贯彻办院方针，加速实现实验手段现代化，调整科研机构，调整基建投资方向，改进财务管理，加强院的科研管理系统等九个问题作了详细阐述，提请会议讨论，听取大家意见。这次提出并经以后逐步充实的关于科学院贯彻八字方针的意见，成为三年调整期间的指导思想。为了实现调整整顿的目标和要求，组织进行了大量细致的思想工作和调研工作。调整一个机构，调整一个大的项目，调动一批人员，不仅有思想认识问题要解决，还有大量的实际问题要解决。既要调整而又不伤感情，不影响积极性，其难度可以想见。郁文为此花费了大量心血。总的看，这次调整比较平稳，达到了在调整中前进，在调整中提高的目标。

努力为科研提供较好的物质条件

郁文一贯重视科研和生活后勤工作，实实在在地当了几年的"后勤部长"。

国家计委恢复召开每年一度的全国计划会议之后，郁文总是代表科学院参加会议。除了了解国家经济社会发展计划以使科研工作更好地为经济建设服务这一主要任务外，更实际的任务是通过会上会下汇报情况，争取国家在物质条件方面的更多支持。因为，只有国家计划下达的经费指标、外汇指标、基建投资指标、大学生分配名额指标，才可能拿到手；

只有正式列入国家基建计划的大中型项目，才算正式立项，可以开展建设工作。在中央和国家计委等有关部门的积极支持下，国家对科学院的投入逐年大幅度增加，少量临时发生的计划外的紧急需求，也常能得到批准。因而，日子比较好过，在当时供应条件和管理制度制约下，各项经费的年度指标还时有节余。

郁文的工作方式是，对上争取理解支持，对己要求管好用好，对下宣传勤俭节约，也就是十分注意投资效益和办事效果。他在正式会议的讲话和在许多场合的谈话中，经常谈及这方面的问题。他经常挂在心上的是：我们拿了国家多少投资？给人民贡献了多少成果？我们管得用得好不好？而且，他总是认为，我们做得还很不够，要经常揭露工作中存在的缺点和问题。他在一次大会上就说：国家每年给我们的科研事业费三亿六千多万，基建费给了一亿，实际花了八千多万，还有教育经费一千多万，总共四亿多，相当于全国人民每人一年要拿五角钱，来供给我们科学院。我们的贡献与此相比还很不相称。他还指出了许多积压浪费现象。当时有人认为，把院内的浪费事例揭多了，上面会不会卡我们，少给我们支持？他对此不以为然，还是年年讲，经常讲。

为了管好用好国家投入的财力物力，提高管理水平，他积极推动管理制度改革，试验新办法，采取新措施。比如：为增强经济观念，发挥群众理财的积极性，从1979年开始试行科研课题经费核算；1981年，在下放权力实行两级管理的同时，把整个事业费分成两部分。一部分是各所年度预算经费，实行定额核定，包干使用，节余留用，超支不补的原则；一部分为院管重点课题专项经费，随课题下达，专款专用。在分析研究大量历史数据的基础上，开始摸索定量核定方法，并引入学科系数、择优系数等概念，为破除大锅饭、平均主义弊端迈出了重要一步；在国家政策允许范围内，为推动基层单位自己组织收入，生产创汇，经财政部批准，实行收入留成办法。

在基本建设管理方面，既要求宏观上要有控制（控制大中型项目、小型配套项目和住宅建设的比例，以后大体上各占三分之一），又要求加强院管项目的前期准备、工程管理和财务管理（在学部恢复活动后，对大中型和若干重要的科研建设项目，由学部组织科学技术专家进行评议），以提高项目决策的科学性和计划的可行性。

为改变仪器设备严重落后的局面，1979 年就系统提出了自力更生为主，争取引进为辅，加速实现实验手段现代化的部署。一要组织起来，自己武装自己，分批安排若干种仪器设备的研制、生产、供应；二要组织大型精密仪器设备的协作共用，充分发挥潜力。区别情况实行专管专用、专管共用、共管共用，逐步按地区和分院配套，考核利用率。对老仪器要进行更新改造，提高仪器性能。他还特别指出，我们搞生财之道，要结合各所的特长，结合科研方向，结合院内外的需要，以产补研，以产促研，不要只顾找钱到处揽杂活。

在国家的支持下，经过几年的工作，科研条件有显著改观，生活条件也有所改善。

学习新经验推进管理改革

郁文是一个接近干部群众，善于向别人学习的人。他经常讲，我们不懂科学，首先要向科学家学习，向内行学习。他所以能从政工岗位顺利转上业务领导职务，而且得到科学家和业务领导干部的普遍信任和尊重，与此不无关系。在繁忙的日常工作中，他每年总要拿出一段时间，集中下所调查研究，或出国访问，了解外国科研管理情况，而且每次必有收获，必定做出调研报告，并在业务管理工作中积极吸收、采纳。

1978年郁文率团访问美国，1979年访问联邦德国和法国，以后又曾访问日本。这是几个有代表性的科技先进的资本主义国家。在科研组织结构、科技发展政策、科研管理体制等方面，他们既有共同点，又有区别。他看到，现代科学技术的发展要求与之相适应的管理体制、管理方法，而不同国家的历史背景和现实情况，又必然会有各自的特色。我们一要学习借鉴外国先进的管理经验，二要从自己的实际情况出发。

在国外的许多所见所闻给他印象很深，感触很多。对科研实施管理的基本手段，在美国主要是：一靠钱，对不同类型的研究工作分别实行基金资助、合同经费或政府拨款的不同办法；二靠民主，广泛实行同行评议，处处要竞争。项目择优支持，人才选优录用。既重学术交流，又重人才流动。在西德和法国则实行比较集中的科研体制，更注重研究贯彻科学发展政策，注意几方面科研力量的分工协作，形成全国科研体系。主要从事基础性研究的德国马普学会，决不搞与别人重复的研究，大学、工厂做的它不搞，科研项目到了应用开发阶段就划出去。随着科学的发展，开辟新方向，建立新研究机构，同时就停掉旧方向，关闭老研究所，不使机构无限膨胀。

这些国家的管理部门工作人员都比较少，参与管理的科学家或顾问则很多。管理部门主要抓大事，让下面有可能创造性地工作，办事程序明确，工作有章可循。总体上看，他们科学

技术发展快，水平高，这同管理科学化，适应现代科技发展的
共同规律是有联系的。

郁文通过考察，亲眼目睹科学技术是生产力，是实现现代
化的关键。在这些发达国家，科学家工作很紧张，节奏快，说
是每周工作五天，实际上许多人是七天工作，除了吃饭睡觉，
就是工作学习。因而，他对我们如何尽快赶上去，很感担心，
很有压力，深感责任重大，任务艰巨。

1980 年郁文率领调研组到东北各所调查，1981 年先后到
上海各所、南京和合肥各所调查研究。每到一地都是逐所逐室
了解情况，组织各类人员座谈，广泛接触管理干部和科研人
员，分析研究问题和讨论解决问题的办法。下所调研时间最长
的一次，用时一个半月。天天连续工作，从不游山玩水。

1981 年到上海各所调研，是在全院工作会议之后不久。这
次会议是一次集中贯彻中央批准的科学院工作汇报提纲的重要
会议。会议开过了，各基层单位贯彻执行情况如何，有哪些重
大实际问题需要进一步研究解决，就成为郁文这次调研活动的
主题。

经过一个月的工作，他针对基层单位提出的落实会议精神
的几个难点，如调整方向课题难，定编定员难，党政分开难，
加强政治思想工作难等问题，作了比较深入的调查分析。比
如，关于方向课题的调整问题，他通过总结上海各所的经验教
训，提出了解决问题的三个原则。第一，研究所一般宜于按二
级以下学科建立，学科方向不宜多，特别是不要让距离较远的
学科在一个所内平行发展。否则联系较少，矛盾很多，难于深
入工作。第二，在一个学科内的有关分支领域也不宜各自孤立
发展，应该形成相互联系的有机整体，也要有主有副，抓住一

两个有前途的分支集中主要力量向深广开拓，或者注意学科的交叉与结合，或者围绕若干共同的研究对象与任务协同开展工作。第三，学科方向要长期稳定，决不要轻易大转行，而研究内容要随着科学的发展而发展，要随着国家需要的变化而变化。一旦出现有生命力的新领域，在及时开拓的同时，要适当收缩、并转或停止一些旧领域的工作。方向越来越多，规模越搞越大，长期膨胀下去总是不行的。

郁文进一步指出，为什么我们一些研究所在方向课题上容易发生重复？除去政治上、体制上的原因，最根本的是由于在学术上没有自己的创见，又缺乏预见，水平不高，简单地学外国，盲目地跟着别人跑。外国出了个新东西，大家一哄而上，抄来抄去；国家建设提出了问题，大家都到相同的文献里找解决问题的办法，你这样做我也这样做，结果必然发生重复。真正创造性的工作是很难完全重复的。在我国现在的科学发展阶段，必然有相当部分的工作是模仿性的，重复国外已有的，跟着外国人走的。掌握、消化世界先进技术为我所用，是完全必要的。但是，对于这类工作，科学院研究所应注意三条：一是凡别人能够做的，就尽量让别人做，别人仿不了的，我们当然要积极承担，但不搞低水平的不必要的重复；二是要提倡仿中有创，至少是先仿后创，逐步走出自己的路子；三是必须要求达到实用的目的，真正在国家建设中发挥作用，使人民得到实惠。

他的这个名为《关于贯彻院工作会议的几个问题》的调查报告，得到院长们的充分肯定，并以中国科学院文件的方式转发院属各单位和机关各部门参考。通过调研考察得到的收获，大都反映到他指导工作的言论行动之中。

新体制下的秘书长

1981 年 5 月，在距上次学部委员大会 21 年之后，召开了第四次学部委员大会。这次大会对科学院的领导体制作了重大改变。郁文成为新的领导体制下由学部大会主席团任命的科学院秘书长，除党的工作之外，统管经常的行政业务组织管理工作。院长副院长则把主要精力放在加强学术领导上。用院长卢嘉锡的话来说就是：我们这些人是受命于过渡之际。主要就是从行政领导为主过渡到学术领导为主，通过加强学术领导和科研管理的科学化，贯彻执行科学院的工作方针和任务，引导各门学科的研究工作更好地为四化服务，推动研究水平和研究质量的不断提高。

经院务会议决定，恢复召开全院的计划会议。1982 年 1 月 7 日起召开的计划会议，贯彻中央精神和学部大会与主席团决议，以讨论科研计划和各项事业计划为中心，审议重点科研项目，研究改进计划管理。同时，对上一年度的工作进行总结，对下一年度的工作作出安排。郁文负责筹备并主持召开了这次会议。

郁文讲话和指导工作，有一种从实际出发提出问题解决问题的风格，敢于揭露矛盾，联系思想认识解决矛盾，而不顾忌是否会得罪人，是否有人会不爱听。为了使计划的讨论和制订尽可能符合实际，尽可能切实可行，他在部署工作时，对需要与可能的问题专门作了阐述。他说：过去主要由于"左"的思想影响，往往是只看需要，而不问可能，盲目赶超，急于求成，超过了国力支持的现实可能，发生了几次曲折。我们考虑科学事业的发展速度和规模，要时时想着我们是一个发展中国家，注意到国家的财力状况，不要抱着不实际的想法。对大型科学实验装置的建设，一定要量力而行，分期分批上马，不应该硬着头皮上，也不必怕外国人笑我们。勉强上一个大项目，挤了一大片正常发展需要，从效果上讲是很划不来的。

对科研机构的建设，一定要有学术带头人，坚持"无神不设庙"。科学研究不同于一般生产，不是装好设备就能出产品，经过短期培训就能掌握生产技术的。科学研究是一种需要高度创造性的脑力劳动，没有一定水平的学术带头人和科研集体，不管物质条件多么好，也是做不出有重大意义的成果的。过去那种一盖房子，二买设备，不管有人没人就建研究所的做法，不能再有了。

他的这些话是有很强的针对性现实性的。

他认为，总的说，需要与可能的矛盾是长期存在的，逐步实行择优支持是唯一有效可行的办法。对每个研究所、研究室，通过专家评议，划分出择优支持的类别，让一批基础好、成果多、潜力大的单位先搞上去，这是符合国家利益的，应该得到全院同志的赞同。

参加会议的许多同志认为，这次会议有新意。一是根据中央精神，对组织全院力量加强协作攻关问题进行了讨论，初步安排了一批重大综合项目。二是把首次试编的院重点课题和各项事业发展的五年滚动计划草案统统印发，使大家在了解全局的基础上研究分析问题，共同讨论修改，改变过去那种"上面下指标，下面照着办"的简单办法，发扬了民主管理的精神。三是在计划管理改革方面提出了一些新办法，主要是院重点科研课题及其专项经费管理办法和院属研究所科学事业费年度预算指标核定办法。虽然通过竞争择优，必然将出现各单位经费有多增、不增，或者减少的差异，但大家对这种改革的思路是积极支持的。由于时过境迁，这种计划会议以后没有再继续召开。

这段时间的秘书长郁文，实际上是科学院的"总管家"。他虽已年逾花甲，依然是经常提前半小时左右来到办公室。不少熟悉他的人总爱找这个少有打搅的时间向他汇报情况，要求解决问题。他坚持从实际出发贯彻执行中央的方针政策，胸有全局，脚踏实地，既抓实际问题，又抓思想认识问题。他尊重科学家，支持科学家，同科学家院长们团结合作，协调默契。他对手下干部，既严格要求，又放手工作。办事时一丝不苟，不允许应付了事；闲暇时有说有笑，还可以开上几句玩笑。

一个科研机构的领导班子，既需要有在科学界威望高、领导水平高的科学家，又需要有政治理论强、组织管理能力强的管理干部。在全能全才干部难得的条件下，这两方面干部的成功搭配，是组成一个强有力的、有权威有效率的领导集体的重要条件。可能正是由于这种需要，当1982年4月中央调整院党组领导班子，郁文奉调去中宣部工作时，许多人希望他留任，卢嘉锡和三十多位科学家也上书反映意见。这表明，郁文也是身离科学院而依然使人留恋的领导干部之一。

做坚定的马克思主义者

1982年4月，郁文到中央宣传部任常务副部长，主持日常工作，同时兼任中央对外宣传小组副组长。时隔30年，他又回到宣传战线。在改革开放的新时期，在从计划经济向商品经济转轨的过程中，新事物不断出现，人们的思想也空前活跃，甚至存在某种混乱。宣传工作在继承优良传统的同时，也面临着新问题、新任务。郁文时刻注意的是，准确把握中央的方针政策，努力在工作中不出偏差，并注意及时向中央反映情况，向宣传部门传达信息。郁文还兼任了中央直属机关党委副书记，被选为中共十二次代表大会代表。

1983年，郁文当选为六届全国人大代表。1986年4月补选他为人大常委会委员兼民族委员会副主任，从此开始在人大常委会工作，直到1989年。他担任这个职务，看来与他曾在西北多民族地区工作的历史有关。在此期间，他积极参与法律法令的审议工作和民族问题的调查研究。他还是七届全国人大代表。

1989年之后，中央派郁文率工作组去中国社会科学院进行干部考察工作。中国社会科学院的前身是中国科学院的哲学社会科学部。1977年正式建院后，研究领域和事业规模有了很大发展，研究机构增加一倍，达到31个，工作人员近五千人。郁文在全院大会上对清查工作主要讲了两句话：一不能走过场，二不能搞过头，使这项工作得以顺利开展。不久郁文被任命为社会科学院党组书记、副院长，1991年改行党委制后任社会科学院党委书记、副院长。他配合院长胡绳，发挥研究人员和全院人员的积极性，努力工作，继续前进。

1992年，郁文被选为中共十四次代表大会代表，年底不再担任现职工作。

1995 年 3 月，他受聘担任中国地方志指导小组常务副组长，为社会主义精神文明建设再做贡献。

（摘自《中国科学院早期领导人物传》江西教育出版社1999 年 10 月版）

深切缅怀郁文同志

汝　信

　　我初次面见郁文同志是在 1955 年的夏天，那时我刚从抗美援朝的前线回国，所在的中国人民志愿军部队机关奉命改建为防空军司令部，组织上批准我转业到地方工作。我内心里最向往的是能有机会去科学研究机构，学习做理论研究工作。

　　朝鲜战争结束，我国国民经济得到恢复后即将开始进入大规模社会主义改造和建设时期，理论界对我国过渡时期经济发展规律展开热烈争论，我当时身处朝鲜，凭着一个不知天高地厚的 20 多岁青年的勇气也曾写文章参加讨论，居然承蒙《学习》杂志收入讨论专刊。一位老同志知道我有志于学习理论，特意推荐我到文津街中国科学院院部去求见郁文同志，并嘱咐我要带上自己的那篇不像样的习作。当时郁文同志是中国科学院主管人事的干部局长，公务十分繁忙，没有想到他亲自接见了我，亲切地和我谈话一个多小时，了解了我的经历后，便爽快地同意接受我转业到科学院。

　　事情这样顺利地解决是出乎我意料的，使我都不好意思拿出文章来证明我自己了。郁文同志还当场决定要我去院部新建的干部培养部工作，这多少与我的期望有一定距离，我提出还是希望去研究所。他耐心地做我的思想工作，说服我同意去干部培养部。他向我介绍该部的任务之一就是组织实施全院科研人员的理论学习，请一些著名学者举办系统讲座，帮助大家学习运用马克思主义的立场、观点和方法去进行科学研究工作。这对我这样一个新中国成立前毕业于教会大学、没有受过系统的马克思主义教育的人来说是一个难得的学习机会。同时他还解释说，做研究工作最重要的是必须从中国的实际出发，你参加抗美援朝几年不了解国内的实际情况，马上去研究所从事研究工作是不太合适的。他告诉我，院里正在考虑要建立研究生制度，使科研人员培养正规化，劝我在工作岗位上好好学习，准备条件将来可以考研。这次谈话使我深受教育，如沐春风，充分感到党组织对我这个普通一兵的关怀和期待。是郁文同志引领我跨进了科学院的大门，现在已经过去了半个世纪，回想起来仍满怀感激之情。他对青年的热情帮助和谆谆教导，他的那种晓之以理、动之以情的高超的政治思想工作艺术，是永远令人难忘的。

我在文津街科学院院部工作将近两年后果然考上了当时开始实施的副博士研究生，郁文同志对我离开院部去研究所学习是支持的。在院部工作期间，我所在的干部培养部由钱伟长、陈泽同志领导。我虽然没有在郁文同志直接领导下工作，但由于干部培养与干部工作密切相关，始终能感到郁文同志对培养科研人员的高度重视和大力支持。而当时，国内对是否建立培养科研人员的正规化学位制度是有不同意见的。

1956年，我作为翻译随同中国科学院代表团去苏联科学院商谈派遣首批副博士研究生时，院内也有意见认为，这不符合多快好省的原则，建议改为派遣短期实习生。在我的记忆中，郁文同志是主张按科学发展的规律建立正规的科研人员培养制度的，并精心组织干部部门严格选拔院内一批有发展前途的优秀青年科研人员去苏联科学院攻读学位。后来，这批留苏研究生学成回国，都成为各学科的研究骨干和带头人，有些现在已是对我国科学发展做出卓越贡献的、国内外知名的科学家。这充分证明了他在培养高水平科研干部问题上的远见卓识。应该说，郁文同志领导下的干部工作为科学院的发展壮大打下了坚实的基础。

在院部工作期间，郁文同志留给我的最突出的印象是他密切联系群众的民主的工作作风。他为人朴实无华，平等待人，毫无领导干部的架子。他热心培养青年，不拘一格，放手使用。在生活上他和群众打成一片，一般干部在工作中或生活上遇到问题也总愿意向他倾诉，在他面前可以无所顾忌，畅所欲言，即使讲得不对，他也会宽容，根据组织原则加以处理和解释。在工作中，他关心干部，尊重人，在他领导下人们心情舒畅，这在当时的院部是有口皆碑的。

时间过得飞快，一转眼就过了三十多年，中间经历"文化大革命"的风雨，原先属于中国科学院的哲学社会科学学部也独立建院成为中国社会科学院。1989 年，中央决定任命郁文同志为中国社会科学院党组书记（后来任党委书记）。这样，我又有幸在他领导下工作，有机会直接向他学习和请教。郁文同志来社科院担任领导工作时，问题繁多，情况复杂，他作为一位久经考验、具有丰富政治经验的领导干部，在相当困难的条件下充分展示出他卓越的领导才能和政治风度。我认为最值得我们大家学习的有以下几点：

第一，郁文同志善于在复杂形势下始终牢牢地把握住正确的政治大方向，以大局为重，强调在重大问题上时刻与党中央保持一致。在以他为首的院党组的领导下，着重抓政治思想建设，为以后社科院的进一步发展打下了坚实的基础，为完成党中央交付的任务"把中国社会科学院建设成马克思主义的坚强阵地"创造了条件。

第二，他有很强的政策观念，在各项工作中坚决贯彻党的政策，原则性很强，但又十分注意从实际出发，实事求是，根据具体情况灵活掌握政策，特别是在涉及人的问题的处理上采取极其慎重的态度，注意掌握政策界限。由于政策执行得当，社科院在经历政治风波后很快恢复了安定团结的局面，走上顺利发展的道路。

第三，他有长期领导科学研究工作的丰富经验，尊重科学，尊重科学家，尊重科学研究本身的规律，已成为他的工作信念之一。他强调要从党和国家的需要出发，把繁荣发展我国哲学社会科学作为一项重大而紧迫的战略任务，要立足国情，开拓创新，以研究中国特色社会主义建设中的重大理论问题和现实问题作为主攻方向，有力地推动了我院的科研工作。

第四，他作为院党组的领导，坚持作风民主，重要问题均经集体讨论决定。他善于听取和尊重各种意见，注重调查研究，然后根据多数同志意见进行决策。在他的领导下，党内民主生活开展较好，批评与自我批评得以正常进行，这都是和他的民主领导作风分不开的。

以上几点充分说明郁文同志是我院的优秀领导人，他虽然已经走了，但他的业绩将永远记载在我院史册上。

坚持马克思主义，
建设党的坚强阵地

——深切怀念郁文同志

孙景超

郁文同志是我的老领导，他在社科院工作的日子里，我有三年多时间直接在他的领导下工作。我当时是院机关党委书记。1990年春，郁文同志任院党组书记后，成立院党组办公室，他又要我把这方面工作承担起来，这样工作中的接触就更多了，得到他多方面的教诲、熏陶，近距离领略到这位革命前辈的高尚品德和优良作风。岁月悠悠，许多往事，至今仍难忘怀。

恢复党领导下的院所长负责制

郁文同志十分重视党的建设，亲自抓这方面工作，认为这是巩固和发展我院安定团结局面，做好各项工作最根本的保证。他根据改革开放以来，有些同志对党的建设和思想政治工作重视不够的问题，提出在这方面要有些根本性的重大举措，才能扭转局面。

郁文同志首先关注到院所党的领导体制问题，他要我详细介绍社科院成立以来党的领导体制沿革情况。开始院里是党的领导小组、党组，所局是总支、支部。1980 年 5 月，全院召开党的第一次代表大会后，全院实行党委领导下的院、所长负责制。1982 年实行院、所长负责制，党的领导体制改为院成立党组、所设分党组，院所分别成立机关党委。1988 年后，所里又撤销了分党组，成立党委（属机关党委性质）。他听得很仔细，没有具体表态。

一次在院党组会上讨论给中央的《汇报提纲》（修改稿），我列席会议。内中写到加强党的建设部分，大段引用中央有关这方面的指示，如何发挥党的政治核心作用和基层组织的战斗堡垒作用等。因为这个问题与机关党委联系较密切，我大胆说了我的想法。我说现在大的企业里书记、厂长一个"核心"、一个"中心"，领导关系不明确，常常争论不休、闹矛盾。高校实行党委领导下的校长负责制。我院是科研单位，不是机关，实行什么样的领导体制，可以研究。如果仍然实行现在党的领导体制，这一部分似可大大精简，按现行文件执行就行了，没必要再请示。写不如不写（我的意思是没有必要把中央的指示在《汇报提纲》中再重复向中央说那么多）。郁文同志作风民主，主持党组会，向来自己讲话很少，主要听大家意见。同样，这次会上他对这个问题也没有表态。会下，他对我说，你在会上谈的意见很好，接着又深入地就这个问题和我交换看法。他认为，社会科学的许多学科涉及意识形态，是党性很强的科学，坚持正确的政治方向、理论方向很重要。经过长期思考和在党组同志中充分酝酿，1990 年底，他和曲维镇同志向中共中央政治局常委汇报工作时正式建议，并得到中央同意，我院实行党委领导下的院、所长负责制。院党委成员根据当时情况参照中央有的部委的办法由中央直接任命，这就从领导体制这个大问题上解决了加强党对我院社会科学研究工作的领导问题。江泽民同志还为我院题词："加强学习，总结经验，坚持理论联系实际，把中国社会科学院建设成马克思主义的坚强阵地。"

在汇报会后，为了争取中央加强对我院的领导，他还面请中共中央政治局常委的同志同我院院所主要领导100多人座谈了一整天，发表了重要指示，给大家鼓了劲。

郁文同志抓工作很具体，他认为党的领导体制解决了，还应把党委书记选好。除了指示我协同人事局从院内挑选外，他还向中央提出从中央部门、北京市和外地调一批适合做科研单位党的领导工作干部，支援社科院。我记得当时一共从院外集中调了十多位同志，这些同志大都有丰富党的工作经验。此外，我们从老干部和科研及科研组织工作岗位上选调一些党员干部做党委书记。这样就大大充实了所的党委领导班子，使全院党的工作领导有了明显加强。

为了解决在新体制下党委如何工作的问题，郁文同志指示我们组织力量抓紧按新的领导体制修改《党委工作条例》和《所长工作条例》，并要我带领机关党委同志到国家教委和北大党委取经。鉴于这是一次领导体制大的变动，一部分所的领导还不很理解，有些不同看法，郁文同志要我联系思想实际起草一个具体说明，我院为什么要实行党委领导下的院、所长负责制。后请吴介民同志根据这个"说明"在所局长会议上讲了讲，进一步统一了大家认识。

重视干部的马克思主义理论教育

郁文同志重视干部的马克思主义理论教育工作。我主要讲两件事情。一件是学习党史。因为我院科研人员大都不坐班，一周只集中一两次，平时政治学习效果很不理想。1991年正值建党七十周年，胡绳同志主编的《中国共产党的七十年》正式出版，中央通知要组织干部认真学习。为了取得更好的学习效果，我们向郁文同志建议，这次把平时的政治学习时间集中起来，采用办读书班的形式，以自学为主，每期两周左右。要求所局级领导带头参加，分期分批把全院党员普遍轮训一遍。他非常支持这个做法，要我把这件事抓紧抓好。由于这本党史是在崭新的历史条件下撰写的，理论密切联系实际，系统地回顾了中国共产党七十年来走过的道路，全面总结了正反两方面的经验教训，特别是对十一届三中全会以来改革开放新的理论和实践，作了全面阐述，使大家学习后对建设有中国特色社会主义理论、纲领、路线和基本经验有了更进一步的认识和体会，普遍反映是多年来组织政治学习效果比较好的一次。

第二件事是创办我院党校。当时中央国家机关党工委为了加强干部系统的理论教育，提出有条件的单位可自己办中央党校分校。一年两期，学制、教学计划、课程设置、教材都按党校统一安排。我将这个情况向郁文同志汇报，他很重视。他还提出培训的对象不仅包括做党政工作的所、处级干部，还可扩大到研究室的党员正副室主任。他要我拿个意见在党组会上讨论，胡绳等院领导也都很赞成，认为党员科研骨干脱产学习几个月马克思主义基本理论很有好处。从1991年下半年党校正式开办，到 1992 年底郁文离开院党委，一共办了三期，每期除学习基本理论外，还安排一段时间组织学员到外地实地考察，使学员能有机会接触社会实际，扩大视野，很受大家欢迎。现在的不少所局主要领导都参加过我院党校的培训。这之前，历届院的主要领导都提出过社会科学必须坚持以马克思主义为指导，科研人员应该系统地学习马克思主义基本理论，包括学习原著，但从学习组织工作方面来说，始终未能很好落实。自从建立了社科院自己的党校以来，这个有重要意义的学习制度一直坚持下来。这对提高党政领导干部和科研骨干的政治素质发挥了重要作用。

郁文同志对各个方面的经常性的思想教育工作非常关心，并有许多重要指示，特别是对团委工作、青年的教育很重视。团委同志直接找他谈工作很容易，每次他总是热情接待他们，细心听取他们的汇报，鼓励他们大胆工作。有时他还把我叫到办公室，专门研究如何具体帮助团委做好工作的问题。

注重实际，密切联系群众

郁文同志的领导作风、工作精神等许多方面都值得学习。他给我的最深刻印象是注重实际，强调要了解下情，做好调查研究。他多次引用毛泽东同志的话说，做好领导工作就是要"情况明、决心大、方法对"，并感叹我院办公地点分散、单位很多，要把情况一一搞清楚不容易。

他任党组书记后，很快就让我给他安排个日程，每周到一个片或一个大所，陪同他直接与各单位领导班子座谈，听听意见。有些重要问题需要广泛征求基层意见的，他就要我分批找一些党委书记来开会，边谈情况、边讨论，集思广益。院里过去每周有一个秘书长办公例会，由院直机关各局领导参加，主要安排一周工作，处理院内日常事务。为了深入了解情况，每次会议他尽可能参加。干部想找他反映情况，谈事情，讲工作建议，他总尽可能安排时间亲自接待。有的一谈一两个小时。有些所领导之间或群众间闹矛盾，不团结，纷纷向院里写信，他为了全面了解情况，要我把双方都分别请来，直接听取他们的不同意见。他听意见非常认真，工作中他有记笔记的习惯，重要的问题，有时比我们做具体工作的同志记得还详细。

他作风民主，平易近人，对做具体工作的同志很尊重。例如，我陪同他到研究所了解工作，在听完汇报情况后，特别是有关党的建设和思想政治工作方面的问题，总是先让我谈意见，然后他再说。特别难能可贵的是，他能听进下面同志的不同意见。如工作中对人和事的评价、看法，在领导和群众中往往不太一致。他开始听了部分人的意见似乎已初步形成了某种看法，而有的同志知道后，直率地向他进言，认为他了解的情况不全面，不同意他的意见。有的同志告诉我，有时还和他有过争论，但他再经过全面了解情况后，能接受别人的正确意见，放弃自己原来不成熟的想法，并鼓励工作中敢于提不同意见的同志。

使我特别感动的是他不知疲倦、昂扬的工作精神。他到社会科学院时已年逾古稀，身体又有病，但他坚持全天候、全身心投入工作。每天上午，他往往比其他同志都还早些到办公室。下午在家里处理文件，还常常接待约他谈工作、反映各种情况的同志。晚上有时工作得也很晚。特别到1991年夏，院里协助他负责常务工作的曲维镇同志因病重长期住院，他的工作负担更重了。即使这样，凡需要他出面主持的事情，只要我们提出来，他总不使同志为难。

1991年7月1日上午，他主持全院党员大会，庆祝党的生日。会议很隆重，有多位代表发言，结束得较晚。当天下午工会举办文艺演出，工会同志当然希望院领导能亲自出席，找到我代为邀请。我思想上很矛盾，群众的热情我不能不反映，但又怕影响郁文同志的午间休息。他知道这个情况后，很爽快地对我说："没关系，告诉工会同志我下午一定来参加。"下午他放弃休息，按时到场观看演出，结束后还上台慰问了参加演出的各单位同志，使大家都很感动。

郁文同志很看重革命情谊，爱护干部。每年春节前，都要我陪他去看病号和部分做党的工作的老同志，主要探望在基层工作的同志。1992年春节前，我们一道去看文献中心党委书记韩加、马列研究所的原分党组副书记张棵等，他们当时住的宿舍楼都无电梯。郁文同志身体不太好，还要爬楼梯，很吃力。一个上午走好几家，我们比他小十多岁的人都感到很累，对老人来说其难度可想而知了。

郁文同志不担任院党委书记后仍关心院内的同志。他当时兼任中国延安精神研究会常务副会长，那里拍了一些有教育意义的影片，他还专门叫人拿到院里在小范围放映，要我邀约林甘泉等几位他熟悉的党委书记一起审看，提意见。后来，我去他家看过他。最后一次是我离休后同日本所的同志合编了一本有关日本经济方面的书，送给他指正。他很热情地接待我，我们谈的时间很长，他提出，我们现在全都退下来了，人闲了，时间多了，希望以后能多来家里聊聊天。最后坚持把我送出大门外，驻足等我走了一小段，他才独自回去。却没料想到这次是最后的诀别。

　　2002 年，听说他突发脑溢血，病得很重，住进医院在抢救。后来虽无生命危险，但说话已非常困难，不能交流了。中间虽几次想去探视，聊表心意，但去探视过的同志回来劝我不要去了，这种情况下见了面，相互都会引起更多的感伤。可我每每忆起，总感觉生前未能去看看这位老领导，深以为憾。郁文同志走了，他的逝去我是很悲痛的！

沉痛哀悼郁文同志

金吾伦

　　我认识郁文同志至今已经有 50 多年历史了。我 1959 年从浙江杭州第一中学考入中国科学技术大学，就读于 08 系，即放射化学系。当时郁文同志兼任学校的党委书记，开学典礼上除了郭沫若校长讲话外，还有郁文同志的讲话。他讲话清晰洪亮，铿锵有力，非常受初上大学的年轻学子的喜欢，给我们的第一印象非常好。

　　1960 年以后，我们学校进入生活困难时期。我当时是班里的团支部书记。为了能让班上同学吃饱，我组织同学去挖野菜，把挖来的野菜掺和在发给我们班的面粉里，可以让同学们吃得饱一些。郁文同志知道后就让学校总务处把我找去汇报情况，这是我第一次近距离见到他。我作为一个学生，见到学校领导自然恭恭敬敬，更何况他是我们学校的党委书记，又是中国科学院的主要领导之一。在我们科技大学同学的印象中，来科大讲话的领导，除了郭沫若校长外，最吸引人的第一位是张劲夫，第二位就是郁文同志了。可以说我对郁文同志的印象从他作第一次报告以后一直是非常好的。

　　我从中国科技大学毕业以后，考取了于光远先生的研究生，郁文同志后被调到中央宣传部任副部长。有一次，我把我参与翻译的洛西的《科学哲学历史导论》托一位邻居送给他。我当时真有点不知天高地厚，因为其时有人反对把西方科学哲学介绍到国内来，甚至认为这是以科学哲学的名义对抗马克思主义。但我没有想到，过不多久，他竟亲笔给我写了信，全文如下：

　　吾伦同志：

　　　　来信和惠赠的《科学哲学历史导论》一书收到，谢谢。看到不少科大同学在党的培养教育下，茁壮成长，各自在不同的工作岗位上对社会、对人民做出了不少贡献，非常高兴。你在学术研究上已获专长，望继续努力奋勇登攀。代问光远同志好。

　　　　敬礼！

　　　　　　　　　　　　　　　郁文　四，十六（1980 年）

　　1989 年我作为访问学者到美国访问。访问期间，我常常到哈佛大学东亚图书馆去看中文报纸。有一天，我在《光明日报》头版头条看到郁文同志的讲话，具体内容已经记不清楚，主要意思是强调要看到大部分知识分子是好的和爱国的。我读了以后给他写了一封信，表达了我们在美国的大部分学生都非常热爱祖国；希望学成后回国报效祖国。不久他又亲笔给我写了回信，对我作了一番鼓励。

　　我于 1990 年从美国回到中国社会科学院哲学研究所继续从事科学哲学研究。这时候，郁文同志已经调任中国社会科学院的党组书记和副院长了。我回来后，就到他办公室去看他，他非常热情地接待我。1991 年在郁文同志的指示和指导下，中国社科院成立了跨学科研究组，我和秦麟征担任组长。我在《跨学科研究引论》一书的编后记有一段说明：

> 1990 年初，钱学森教授给当时任中国社会科学院党组书记和副院长的郁文同志连续写了两封信，着重强调社会科学与自然科学的联合问题。钱学森在信中指出，应该把这个"老大难"问题早日推向解决。①

郁文同志为此向中国社会科学院领导写了一条建议。此后，建立了中国社会科学院跨学科研究组。跨学科研究组成立后，我们与中国科学院建立了不定期的联系。我本人一直参加中国科学院的有关课题组的活动。我知道，这是郁文同志所希望看到的。我也希望自己不辜负郁文同志的殷切期望。

郁文同志去世前几天，我特地到北京医院去看望他。我看到他静静地躺在病床上，闭着眼睛，输着液。我在他病床后面默默地站了好久好久，舍不得离开，想到了他对我的关心，想到了他对我的期待。

2010 年 4 月 1 日，郁文同志在北京医院逝世，终年 92 岁。4 月 24 日《光明日报》头版发表了郁文同志逝世的消息。

郁文同志，您安歇吧。

---

① 金吾伦主编：《跨学科研究引论》，中央编译出版社 1997 年版，第 351 页，编后记。

郁文同志在中国地方志指导小组

李祖德

第二届中国地方志指导小组正式建立是在 1995 年 7 月 25 日，经国务院领导批准，由李铁映同志担任组长，郁文同志任常务副组长，王忍之、王刚同志任副组长。指导小组成员共有 28 名。郦家驹同志任秘书长，副秘书长有高德、贺巍、李祖德、霍力进同志担任。指导小组的日常工作在秘书长领导下，由秘书长办公会议集体决定。作为指导小组常务副组长的郁文同志，每星期参加或召开一次秘书长办公会议，听取汇报，作出指示。由于我们这些秘书长经常与郁文同志一起开会，讨论地方志工作中的各种问题，因而对郁文同志在中国地方志指导小组的工作情况，有了比较详细的了解。

郁文同志到地方志工作是在 1994 年年底左右，为建立指导小组做了大量的筹备工作。记得我们第一次见面，大家都尊称他为"郁老"。他风趣地笑着说："郁老、郁老，我本来不老，都是被你们叫老的。"我们大家也跟着笑了起来。就这一句话，他和我们的距离也就拉近了。他平易近人，讲话风趣幽默，给了我十分深刻的印象，至今仍念念不忘。从此"郁老"这个尊称，在我们指导小组中就这样叫开了。

郁文同志到指导小组工作，正值地方志工作面临许多困难的时刻。记得郦家驹同志向郁文汇报工作情况时讲到，由于前一届指导小组组长曾三与主持日常工作的副组长梁寒冰先后去世，18位小组成员病故8位；地方志协会会长与副会长7人，病故5人。因此在1989年以后的六年中，地方志工作处于长期无人领导的困境。当时指导小组很不健全，办事机构人员少。办公用房十分紧张，租借历史研究所的几个办公室办公。办公经费长期短缺，年度经费只有17万元，后来增加到23万元，还包括工资在内。许多该办的事，无钱无人去办。过去几年，指导小组只能勉强维持。讲到这里，郁文同志就笑着说："你这个'维持会长'当得不错，指导小组能维持下来，就很不容易。"但调整后的指导小组，如果不抓住机遇，从基本工作条件上加以改善，今后的工作也就很难展开。作为指导小组常务副组长的郁文同志所面临的各种困难，是显而易见的。

第二届中国地方志指导小组建立时，地方志事业正处在重要的发展阶段，要求在20世纪末基本完成第一轮修志的历史性任务，并开始新一轮志书编纂的准备工作。据1994年6月底的统计，省志中的各种专业志出版349部，占计划编写的省志总数中的15%左右；市（包括地区）志出版165部，仅占应完成总数的10%左右；县志出版1035部，占计划完成数的46%左右；另有777部已定稿，正在印刷出版过程中。总计2326部。未出版的志书，大部分正处在编纂过程中，有的还处在起步阶段。正如郁文同志在1996年5月"全国地方志第二次工作会议工作报告"中所说的，"原定计划出版省、市、县志书约六千部，现在只完成约半数，剩下的编纂出版任务还相当艰巨"。

　　新中国修志与旧时代修志，虽然在历史渊源上有继承关系，但实际上有很大不同。清代编修了不少高质量的志书，其执笔者往往是当时的著名学者。而新编中国地方志要求全面系统真实地反映地区自然、人文、社会的完整面貌和发展演变轨迹，所包含的内容非常广泛，涉及政治、经济、文化、军事等各个方面，所涉及的学科有历史、地理、民族、政治、经济、宗教、人口、社会等各个领域，因此要依靠一两位专家来进行修志、显然是难以胜任的。同时，新编中国地方志是在全国范围内开展的，仅县一级的志书全国就有 2000 多部，不可能有与此相适应的一大批学者去参加编写。因此，新编中国地方志有一个特点就是"众手成志"，有一个庞大的修志队伍。据 1994 年 6 月底统计，全国共有专职的地方志工作者 22000 多人，兼职的有 9 万多人。修志队伍号称"十万大军"。这支队伍大多数来自高校、中学教师，宣传、出版部门的业务人员，以及政府、党委从事文字工作的干部。他们很少受过真正的、系统的方志专业训练。有的受过短期的培训，在修志工作的实践中边干边学，逐步提高了业务能力，编修了一些质量比较好的志书。但这支队伍又很不稳定。修志机构规格不统一，归属不统一。机构的存在与否没有制度保证，尤其是有些志书出版以后，修志机构被撤销，人员重新分配，十分珍贵的大量资料也随之散失。编修出版的志书发行量很少，甚至大量被束之高阁而无人问津。多年来，编修方志被称为"辛苦、艰苦、清苦"的工作，在当时商品经济和政府机构改革的双重冲击下，不可避免地出现军心动摇，队伍不稳。尤其是当时面临地方政府机构改革，地方志修志机构是否能继续存在也成了问题。①

如何改善指导小组所面临的困境，如何保质保量地基本完成 20 世纪末的编修任务，如何摆脱地方修志机构与修志人员的被动局面，形势非常严峻。但是，郁文同志长期从事宣传、科教等方面的领导工作，具有十分丰富的工作经验和领导能力。他当时虽年事已高（77 岁），并患有多种老年性疾病，但仍以满腔热情，带领我们全身心地投入到地方志工作中去。

郁文同志对指导小组的任务和职责一开始就十分重视。记得他刚上任不久，有一次在谈到指导小组为什么不称作"领导小组"时说：这个指导小组的"指导"，用得非常好，非常确切。1985 年 4 月讨论通过并经国务院同意的《新编地方志工作暂行规定》中明确指出，"中国地方志指导小组负责指导全国修志工作"。"指导小组的主要任务是从政策上、业务上指导各地修志工作，定期向中央和国务院反映情况，对修志中涉及的重大方针、政策问题及时请示报告，并负责拟订编修新地方志和整理旧地方志的规划，制订并颁布新编地方志工作暂行规定，组织交流修志工作经验。"把指导小组的任务与职责规定得非常明确与具体。但是，"指导与领导是有区别的"②。全国各地通过修志实践，已经形成了"党委领导，政府主持，地方志编委会具体实施"的格局，必须继续坚持并贯彻落实。他后来又说："做好新编地方志工作的关键，在于各级党委和政府

---

① 以上情况与数据统计，参见郦家驹《关于召开第一次组长办公会议的一些建议》。

② 见 1995 年 8 月 1 日《郁文同志在中国地方志指导小组办公室全体工作人员会议上的讲话要点》。

的坚强领导。这是由地方志工作性质本身决定的。新编地方志内容广泛，涉及政府各部门和各行各业、各条战线，必须有一个强有力的行政权威，即由各级政府来主持，才能推动各方面修志工作的开展。"① 在修志工作中，什么是"指导"，什么是"领导"，郁文同志对此作了严格的区分，并要我们在今后的工作中，"应该特别注意尊重各省、市党委和政府对修志工作的领导"②。这对于刚调整后的指导小组成员中大部分对地方志工作了解不多的同志来说，非常重要。

党和国家领导人十分关怀和支持新编地方志工作。1958 年毛泽东同志便提出各地要编修地方志的倡议。周恩来同志还亲自过问地方志小组的建设问题。进入社会主义建设新时期，邓小平同志强调要"摸清、摸准我们的国情"，为新时期地方志工作指明了方向。到了 1987 年，江泽民同志在上海地方志编委会成立大会上对地方志工作做了更为全面、更为明确的指示："编纂社会主义新方志是两个文明建设的组成部分，是社会主义文化建设的系统工程。是承上启下，继往开来，服务当代，有益后世的千秋大业。"又说："修志工作是一项不容易引起重视的重要工作。各级领导要把修志工作当作一项重要事业来抓，并切实抓好。"郁文同志对党和国家领导人的这些指示，非常重视。记得他第一次见到江泽民同志的指示后，赞叹不已，觉得江泽民同志对地方志工作的意义讲得非常深刻，并提到"千秋大业"的高度，尤其是"修志工作是一项不容易引起

①　见郁文《加强领导，开拓进取，把地方志事业推向发展新阶段》。
②　见 1995 年 8 月 1 日《郁文同志在中国地方志指导小组办公室全体工作人员会议上的讲话要点》。

重视的重要工作"这句话，对不重视地方志工作的各级领导来
讲，非常重要。他要我们深刻领会江泽民同志的重要指示，今
后要大力宣传，不断加深对地方志工作重大意义的理解，"应
该成为我们地方志工作的指导思想"①。

　　郁文同志上任不久就去山东济南、青岛作调查研究。他在
1995 年 8 月 1 日对地方志指导小组办公室全体人员讲话中指
出："指导小组的工作应该以调查研究为中心"，及时了解各地
区修志工作进展的情况，了解修志工作中存在的问题和各方面
的经验。记得 1995 年 6 月中旬，吉林省志办主任孙宝君同志来
北京找指导小组，他们准备 9 月初在长春举办一次地方志书
展，筹备工作已基本就绪，希望由中国地方志指导小组出面主
办，吉林省志办承办。请郁文同志出来讲话，并给予一定的经
费资助。秘书长办公会议对此进行了讨论。郁文同志认为，这
是调整后的指导小组第一次与地方上省志办的工作联系，应该
予以支持，同时利用这次书展的机会，可以与参展的各地省志
办见面，了解情况，进行调查研究。经过几次协商，郁文同志
不顾路途疲劳，亲自带领我们到吉林长春开会，并发表了重要
的讲话。这是郁文同志上任以来，第一次在地方志大会上的公
开亮相。他和蔼可亲，平易近人，以及求真务实的讲话内容，
博得了与会同志的广泛好评。通过这次会议，我们了解到各地
地方志编修情况与存在的问题，听取了他们对指导小组的建议
与要求，对我们筹备和开好 1996 年全国第二次地方志工作会
议起到了十分重要的作用。

----

　　① 　见 1995 年 8 月 1 日《郁文同志在中国地方志指导小组办公室全体工作人员
会议上的讲话要点》。

调整后的第二届指导小组规定，每年要召开一次全国地方志年度工作会议。郁文同志在每次年度工作会议上都作了重要的讲话与报告。其中给我印象最深的是1998年年度工作会议上的报告。这次会议原本根据李铁映同志的意见，是以"用志"为中心主题。指导小组与全国各地地方志办为会议做了许多准备工作。在会议之前，郁文同志要我们对各地作一些调查研究。这次派出去的人很多，例如1998年6月30日有高延军、周均美、邱新立去江苏南京、苏州以及上海进行调查；7月下旬，又有高德、贺巍到青海、甘肃等地了解情况；7月31日，高延军、王广生到河北省志办了解工作情况；8月15日，霍力进、刘永平到黑龙江、吉林、辽宁三省了解地方志工作情况。这些同志回来后都写出了调查报告。报告集中反映各地修志的进度、目前工作的重点与存在的困难，以及对指导小组的要求与建议等等。根据这些调查报告，其中提出了一个比较重要的问题，就是国务院和地方政府正面临机构改革，地方志机构不稳，人员流失严重，尤其是有些已完成修志任务的基层修志机构，有的被合并到地方档案局、党史办，有的干脆被撤销，有的虽未明令撤并，地方志牌子虽在，但却已人去门空，联系无人接待，事情无人管。各地各级志办大都处在维持的等待状态，也不可能作出今后的长远规划。有的地方志机构还担心中国地方志指导小组在国务院机构改革中的命运。郁文同志与我们对这个问题进行了认真的讨论，考虑到情况的发展变化和各地工作的需要，决定这次会议除原拟定的交流各地在用志方面的经验外，还要总结一下全国第二次工作会议以来的地方志工作的成绩和明年的工作部署，目的是进一步鼓舞士气，更好地完成本届修志任务，积极进行续修新一届志书的准备，为把新编地方志事业推向 21 世纪作出努力。由于会议中心主题的变化，指导小组与全国各地方志办需要有一定的时间作准备，决定原定秋季召开的会议，推迟到 12 月中旬举行，另一方面由指导小组办公室向全国省、自治区、直辖市地方志编委会办公室发出通知，进一步调查全国各地修志队伍与修志机构的情况，要求他们尽快填好调查表格报指导小组综合，调查内容为"各地方志编纂进展情况""修志队伍情况""修志机构和工作情况"三个方面。与此同时，指导小组及时将调查情况向李铁映、王忍之同志汇报。在报告中，除了说明 1998 年全国地方志工作会议中心议题的改变与延期召开外，其中特别提到，"由于目前各地正在准备进行机构改革，大家比较关心地方志机构的前程和稳定问题，也很关心指导小组与国务院的关系问题"。希望李铁映同志"届时能出席会议，讲几句话。这对鼓舞士气，稳定军心，将起很大的作用"。

经过多方努力，1998 年全国地方志工作会于 12 月 15 日在北京召开。郁文同志在会上作了重要的报告。报告总结了1996 年全国地方志第二次工作会议以来的工作，取得了显著的成绩：一是全国地方志工作的制度化、规范化，有了切实的进展；二是各级政府进一步加强了修志工作的领导；三是志书的编纂出版已经进入高潮，质量也有明显提高；四是多种多样的用志活动，正在全国广泛开展；五是方志理论建设和队伍建设也取得了进展；六是续修下届新志书的准备工作，在一些地区正在积极进行。在总结工作的基础上，郁文同志又对 1999 年的工作提出建议，要求各地振奋精神，集中力量，切实抓好本届志书的编纂出版工作，要继续深入开展用志活动，要积极推动续修下一届志书的编纂准备，并在会上下发指导小组修订的《关于地方志续修的几项规定》（讨论稿）。最后，郁文同志在报告中指出："在十几年的修志实践中，我们已积累了丰富的经验，它们集中反映在江泽民等同志的有关讲话和全国地方志第二次工作会议中央领导的指示以及有关文件中。实践已经证明，新编地方志工作符合时代的要求，符合国家和人民的需要，它有着强大旺盛的生命力。"这次大会是一次鼓劲、鼓气的大会。郁文同志的报告使广大的地方志工作者看到了成绩，进一步明确了方向，鼓舞了士气，坚定了信心，达到了会议预期的要求与效果。通过这次会议，郁文同志重在调查研究与实事求是的工作作风，使我感慨殊深、得益匪浅。

李铁映同志指出，"修志的目的在于用，不仅为当代人用，也为后代人用"。如果一部志书，花了大量的人力、物力、财力编修出来，束之高阁，无人问津，那么这一工作虽很重要，但正如江泽民同志所说的是一项"不容易引起重视"的工作。长期以来，修志队伍与修志机构的不稳定，这一问题几乎困扰着修志工作的始终，其中一个重要的因素在于修出来的志书究竟"有用"还是"没用"。凡是"用志"用得比较好的地方，领导感到地方志书"有用"，比较重视，地方志机构就生气勃勃，队伍也相对稳；反之则死气沉沉，地方志机构与队伍朝不保夕，随时会面临被解散的可能。郁文同志对"用志"工作十分重视，进行了大量的探索和开拓。他调查和搜集各地"用志"方面的各种经验和事例，支持各地专门召开的"用志"工作座谈会，鼓励采用现代化科技手段建立省情信息库。他在1998年12月19日《河南省志》光盘演示座谈会上指出："《河南省志》完成了，要想办法宣传到群众中间去，让社会都来利用它，我看这个工作更加重要。"① 他推动各地地方志机构编辑"地方志综合年鉴"，因为"地方志综合年鉴既能反映地区现状，成为关于当地地情知识和信息的最灵敏、最权威的载体，又可为续修新志积累资料，已经被当作续修工作和地方志经常工作的一个组成部分"②。他希望全国各地有条件的地方尽快建立"方志馆"，使大量的地情资料易被大众获取与阅读，建立为公众服务的平台，成为当地资料信息中心、研究中心和咨询服务中心。总之，郁文同志在志书的"用志"方面，做了大量的工作，付出了极大的辛劳。

但是，要真正做到郁文同志所说的"让社会都来利用它"，新编地方志存在两个明显的不足之处。一是新编地方志内容丰富而广泛，因而部头很大，少则数十万字，多则几百万字。这样一部巨著分量太重，携带不便，政府各级的领导干部不可能、也没有时间去阅读。另一方面就是书价太贵，少则数十元，多则几百元，除了各地图书馆及有关单位收藏以外，基本上是政府各部门"自产自销"，一般老百姓买不起。这在一定程度上制约了新编地方志社会效益的发挥。如何克服新编地方志这些自身具有的局限性，使志书走向社会，面向大众，这是地方志机构各级领导十分关心的问题。记得 1997 年在浙江宁波召开的全国志书评奖会议上，李铁映同志提出要从已经出版的志书中改编一套"简本丛书"，一繁一简，互存互补。简本一册在手，可以用很短的时间综览地方概貌。简本部头不大，价格不贵，携带方便，更有利于志书走向社会，摆上一般干部

---

① 《郁文同志在〈河南省志〉光盘演示座谈会上的讲话》。
② 《郁文同志在 1998 年全国地方志工作会议上的讲话》。

与群众的案头与书架。方志出版社根据李铁映同志的指示，立即行动，编辑了《新编中国优秀地方志简本丛书》（以下简称《简本》），决定先从178部获奖志书中选取。此书由王忍之同志任总主编，并请他写了《前言》，具体组稿、编辑由李沛同志负责，很快就出版了《简本》第一辑，共有八部书稿，第二年又出版了第二辑。《简本》的出版获得了社会的广泛好评。

从《简本》出版，我立即联想到编辑《新编地方志总目提要》的事。我马上向郁文同志作了详细的汇报。该书仿照《四库全书总目提要》的形式，将新编地方志中的各级各类志书，以条目的形式将内容概括在三千五百字之内。一书在手，可以综览全国各地志书的概况，为广大读者提供大量的资料信息。由于新编地方志三级志书中县志出版较多较好，准备先从"县志"入手，作为"第一卷"。同时我又向郁文同志汇报出版"县志"提要的四大效益：一是社会效益。为广大读者提供全国两千多个县的提要，有利于志书的应用，扩大影响力；二是经济效益。全国两千多个县入编，每个县如果购买一部或二部《提要》，就有四、五千部，再加上全国图书馆及其他有关单位购买，经济效益相当可观；三是为了便于审稿，要求供稿单位随条目赠寄志书一本。全国两千多部县志，这是一笔不小的财富。这对当时全国没有一个机构或单位（包括指导小组）能够把全国两千多个县志全部收齐的情况下，更属不易；四是通过编写《提要》，把全国两千多个县的撰稿人登记在册，形成一个全国各县的联络网，便于今后沟通，调查问题，了解情况，也利于今后出版社的图书发行。郁文同志认真听了我的汇报，十分满意，并欣然同意我请他当《提要》主编的请求。当时郁文同志还对我说：提要，提要，这个"要"怎么提，哪些

"要"是必须提的，哪些"要"不必提，应该有一个统一的规范，不要把提要搞得五花八门，各行其是，到时再改就麻烦了。郁文同志的这一提醒，使我们在编辑该书的过程中少走了许多弯路。以后他又在1998年全国地方志工作会议讲话中，还特别提到了《新编地方志总目提要》一书。他说："要认真组织编纂《新编地方志总目提要》一书，争取明年能开始启动。这也是一项具有重要学术意义和实用价值的远大工程，要作多年努力，需要和各地地方志办公室、地方志协会共同协作。"可见他对该书的支持与重视。根据郁文同志的指示，我在方志出版社立即行动。该书由赵慧芝同志负责编辑、组稿。考虑到审稿数量很多，还请了办公室的傅能华、周均美同志来协助审稿。我们四人在一起讨论了"提要"条目的框架和几大要素，也就是郁文同志所说的"要"，编写了"条目撰写说明"。为了便于各地的编写，我们还根据县志的不同特点（如沿海经济发达地区、西部边远地区、少数民族地区、文化特色地区等），撰写《晋江市志》《桐梓县志》《岫岩县志》《大足县志》四个样条、供各地参考。最后我们又写了《征稿启事》。上述材料在经过郁文同志的审阅、同意后，我们向全国各县分发。全国有两千多个县，要开两千多只信封，工作量不少。我们就动员出版社的全体员工，一齐动手，很快就把这些材料寄了出去。由于郁文同志的关心和支持，加上我们的准备工作做得比较充分，《征稿启事》发出后很快得到了各地县志办的响应，大量的稿件与赠书源源不断地一批批寄来。到了1999年年底，据初步统计，共收到九百部左右县志条目，已接近全国县志的半数。原定在年底出版《提要》上册，后来又推迟到第二年上半年，可惜迟迟未能编辑完工。后来有人通知出版社，该书已成为指导小组的重点项目。届时郁文同志已离开了指导小组办公室工作，无从过问。这样，由郁文同志主编并费了不少心血的《新编地方志总目提要》就此中断。现在回想起来，不能不说是一个很大的遗憾。

指导小组的工作千头万绪，除了每年召开一次全国工作会议，需要做大量的准备工作之外，粗粗算来，还涉及许多问题，例如地方志事业的制度化、法制化，本轮修志的进度与质量，修志机构与队伍的情况调查，下轮修志的准备工作与有关统一规定，修志队伍的培训与提高，地方志学科建设与理论研究，西藏修志与军队武警系统的修志工作，用现代化科技手段建设地情信息库、资料库中心，地方志机构编纂综合性年鉴，国家方志馆与地方方志馆的建设，地方志志书的"用志"问题，地方志协会工作的开展，志书的评奖与书展，以及指导小组办公室与方志出版社的自身建设问题，等等。这些问题，在郁文同志的报告与讲话中都有所涉及与反映，也倾注了他大量的心血。在这篇短文里，不可能一一罗列。现仅就1997年召开全国地方志评奖会议为例，作一回顾。这次会议根据李铁映同志的指示，原定五月份召开。但全国性的评奖会议需报中宣部批准。当时中宣部根据中央精神对全国性评奖会议控制极严，没有批准。评奖又需要有奖金，又要报财政部拨款。如果中宣部不批准，财政部更可以不批，评奖资金也无从着落；就是中宣部批准同意，要财政部拨款还要费一番周折。郁文同志为此忧心忡忡，并亲自写信给中宣部有关同志，但仍无结果。当时评奖通知已发全国省志办公室，让他们提早做好准备工作，评选出优秀的志书。但通知一发出，引起了一些省志办公室的不满，因为过去评奖按惯例是40%，也就是1995年以后出的志书中的 40% 作为各省评奖的数额，而通知要求"少而精"，树立精品意识，把真正好的志书评选出来，作为学习的榜样，这样就把各省评奖的数额大量地压缩下来。从各省志办公室的角度来看，评奖的主要目的是鼓舞士气，如果评奖少了，搞得大家灰溜溜，泄了气，今后工作不好开展。对评奖的重点与目的的理解不同，一时也无法统一。有的省志办公室甚至扬言不参加评奖活动，大有联合拒绝参评之势。上有中宣部、财政部的审批，下有各省志办的不满与抵制，眼看原定五月份开会的日期将近，郁文同志非常着急，一方面向李铁映同志报告上述情况，另一方面对各地省志办公室作了大量的解释与协调工作。经过多方努力，克服了各种困难，会议于七月七日在宁波顺利召开。就这样一次评奖会议，几经周折，其他工作也就可想而知。而作为指导小组常务副组长的郁文同志，主持日常工作，其责任之大，任务之重，也是显而易见的。但是，郁文同志以其丰富的工作经验与领导艺术，克服种种困难，推动地方志事业向前发展。

郁文同志在地方志指导小组工作的最后一二年中还比较关心的主要有两件事：一是争取《地方志工作条例》的颁布，这是方志界的一件大事；二是国家方志馆的建立，这对指导小组而言，也是一件大事。

关于地方志事业的制度化、法制化，一直是地方志工作者的呼声和要求。1986 年颁发了《新编地方志工作暂行规定》。到 1995 年，第二届中国地方志指导小组成立后，《暂行规定》中的不少内容远远落后于实践的需要，因此必须在原有的基础上制定新的规定。郁文同志根据李鹏、李铁映的指示精神，强调指出编修地方志是省、市、县三级政府的一项重要任务，应当争取作出相应的决定，制定统一的规定或条例，使之制度化、规范化。经过努力，1996年11月9日，国务院办公厅颁发了《关于进一步加强地方志编纂工作的通知》，1998年2月经国务院领导同意又颁发了《关于地方志编纂工作的规定》。这就使我国地方志工作制度化、规范化，走上了一个新台阶。同时，李铁映同志早先要求各地政府对修志工作要"一纳入"，"五到位"（即把修志工作纳入各级政府的任务之中，修志工作要领导到位、机构到位、经费到位、队伍到位、条件到位）。郁文同志在报告或讲话中多次强调李铁映同志指示的重要性与迫切性。地方志工作出现了新的面貌。《通知》与《规定》的颁发，有力地推动了地方志工作的制度化建设，但真正要落实制度化、法制化，还必须有全国人民代表大会立法机构通过与批准，形成《条例》。可是，由于郁文同志年事已高，后来又离开了指导小组，这一争取立法的工作未能继续进行下去，十分遗憾。

另一件事是建立国家方志馆。众所周知，方志馆的建立，成为全国与各地地情资料信息中心、研究中心和咨询服务中心，在方志事业中的地位和作用是十分重要的。对指导小组本身而言，虽然在郁文同志的关心和支持下，工作条件有了很大的改观，但仍租借办公用房，寄人篱下，没有一个安身立命之所，与地方各省修志机构相比，显得十分"寒酸"。因此郁文同志非常重视国家方志馆的建设，并为此作了很大的努力。他离开指导小组之时，建立国家方志馆工作虽有一定进展，与北京方志馆合建，以后由于各种原因，迟迟未能实现。这也是一个很大的遗憾。

值得庆幸的是，在陈奎元、朱佳木与田嘉等同志对地方志工作的坚强领导下，郁文同志的这两个一心想办而一直未能办成的事，终于得到了实现。2006 年，经过全国人大立法机构通过，颁布了《地方志工作条例》。这是地方志事业中的一件大事、喜事。从此以后，我国三级志书编纂工作作为党委领导、政府主持的一项长久事业，得到了有力的保障。而国家方志馆建立后，指导小组的工作条件也将得到极大的改善。可惜当时郁文同志住在医院里，如果他病中有知，将是莫大的欣慰。

在地方志工作期间，郁文同志年事已高，但为了工作他不顾疲劳，到过许多地方，如长春、沈阳、南宁、济南、青岛、威海、宁波等地。其中 1997 年去宁波开评奖会议，至今仍难忘怀。大约是七月六日这天下午三点左右，我们与郁文同志一起坐车出发，到了机场，说是宁波方面气候有变化（好像是有台风），飞机不能起飞，何时起飞，另行通知。我们只得在机场候机室坐等。大约等了两个多小时，仍无消息。我们买来了面包与矿泉水。候机室的环境嘈杂，空气混浊。我们劝郁文同志是否先回家休息一下。但他又怕飞机突然通知起飞，耽误了行程，仍坚持要在机场等候。大约又等了两个小时，飞机终于可以起飞了。飞机飞了两个小时左右到了宁波上空，可能是由于气候的原因，迟迟未能降落。机内一片静寂，大家都有些担忧。当时天色已晚，在宁波上空转了大约二三十分钟，飞机终于平安降落。在宁波机场等待接机的同志后来告诉我们，只见飞机机灯一闪一闪，机声隆隆，在机场上空打转。大家非常着急。飞机降落后回到招待所已是晚上十点左右，然后吃点便饭，再洗洗涮涮，已是深夜十一点钟了。这次我们从下午三点多钟出发，到宁波历时八、九个小时。一路劳顿，连我们都感到十分疲劳，坐得腰酸背疼，而时年 79 岁的郁文同志，凭着坚强的毅力坚持了下来，第二天一早起来后，又精神抖擞地在大会上作上了报告。他对工作认真负责的态度，使我们钦佩不已。

郁文同志德高望重，我们大家都很尊敬他。他作风踏实，实事求是，与我们在一起没有架子，不说空话、套话。他在工作上严肃认真，但在工作之余，与我们几乎无话不谈，经常与我们"聊家常"。记得有一次，他说最近蔬菜涨了不少，并列举了哪些蔬菜多少钱一斤，涨了多少。我们听了都觉得很奇怪，像他这样的"大干部"怎么会知道这些情况，后来一打听，原来他夫人廖冰同志患眼疾开刀，家务账目由他代理。他比较注意自己的身体健康，坚持每天要吃一头蒜，说是可以防癌。当听到一些延安的老战友去世，他就会不断感叹，并对自己说，"我们时刻准备着"，以后这句话几乎成了他的口头禅。他一方面坚持工作，一方面"时刻准备着"，生命之火不熄，就要工作到底，这种对人生的革命乐观主义精神，深深地感动着我们。

郁文同志到地方志指导小组时年77岁，到2001年离开指导小组已是83岁高龄了。在这七年的岁月中，他坚持每星期一来参加秘书长工作会议，有时遇到特殊情况就来参加两次。有时他外出开会（他是"延安精神研究会"的副会长）或去医院看病，秘书长工作会议就延期再开。在我的印象里，他几乎每次都出席会议，从不无故缺席。但是他毕竟年事已高，体弱多病。大约在2000年底，他腿脚开始不灵便，不得不拄着手杖来参加会议。每次开完会，他拖着疲惫的身躯，步履蹒跚，一手拿着手杖，一手由人搀扶，缓慢地走向过道。我们望着他离去的背影，无不为之动容，至今仍清晰难忘。不久，郁文同志积劳成疾，就不能来出席秘书长工作会议了。

中国地方志指导小组是郁文同志生前最后一个重要工作。在这七年的工作中，他为地方志事业的发展付出了极大的辛劳，做出了杰出的贡献。他把生前最后的"余热"，献给了地方志事业，值得我们永远怀念，永远学习。

编 后 记

1989 年—1992 年，郁文同志担任中国社会科学院的党组（党委）书记、副院长。1995 年—2001 年，他受聘担任中国地方志指导小组常务副组长。

本书选编了郁文同志在社科院期间的讲话、报告等共计 20 篇。其中，有关社科院工作的文章，选自档案资料中他的讲话记录稿，经编辑整理而成；关于地方志工作的文章是从公开出版的刊物和书籍中摘编的。书中部分文章的标题为编者所拟。

中国社会科学院的前身是中国科学院的哲学社会科学部。1953 年初至 1982 年，郁文同志曾在中科院工作了 30 年，分管过人事党建、科研规划、建所办校、行政后勤等各方面的工作。这一阶段他的办院思想和工作思路，在中科院为他撰写的小传中有具体记载，收入本书放于附录中。

另外，附录中还收入 4 篇回忆文章，几位同志从不同角度记述了与郁文同志的相识、交往及一起工作中的认识、感受。

本书的编选工作，得到了中国社会科学院办公厅机要档案处和中国地方志指导小组办公室的大力支持，在此表示深深的谢意。

编　者
2017 年 4 月